U0795157

中等职业教育精品教材

《弟子规》与职业素养教育

主　编　郑　海　周松兵　原锦林
副主编　程安仲　梁丽丽

中国人民大学出版社
·北京·

图书在版编目（CIP）数据

《弟子规》与职业素养教育 / 郑海，周松兵，原锦林主编. -- 北京 : 中国人民大学出版社，2025. 7. (中等职业教育精品教材). -- ISBN 978-7-300-34348-8

Ⅰ. B825；B822.9

中国国家版本馆 CIP 数据核字第 2025U9H321 号

中等职业教育精品教材

《弟子规》与职业素养教育

主　编　郑　海　周松兵　原锦林

副主编　程安仲　梁丽丽

Dizigui yu Zhiye Suyang Jiaoyu

出版发行	中国人民大学出版社		
社　　址	北京中关村大街 31 号	邮政编码	100080
电　　话	010－62511242（总编室）		010－62511770（质管部）
	010－82501766（邮购部）		010－62514148（门市部）
	010－62511173（发行公司）		010－62515275（盗版举报）
网　　址	http://www.crup.com.cn		
经　　销	新华书店		
印　　刷	北京宏伟双华印刷有限公司		
开　　本	787 mm×1092 mm　1/16	版　　次	2025 年 7 月第 1 版
印　　张	10.75	印　　次	2025 年 7 月第 1 次印刷
字　　数	192 000	定　　价	36.80 元

前言

回溯华夏文明的蒙学传统，《三字经》《百家姓》《幼学琼林》等经典，多以知识与典故介绍为要，较少涉及引导学生将所学付诸行动。而《弟子规》独树一帜，着重教导学生如何说话、做事及处理人际关系，从“入则孝”“出则弟”“谨”“信”“泛爱众”“亲仁”“余力学文”七个维度，对学生言行举止、道德修养、读书学习等行为进行规范。

“播种行为，收获习惯；播种习惯，收获性格；播种性格，收获命运。”教育的关键在于习惯培养，而习惯培养的根基是行为管理，即明确哪些行为值得鼓励，哪些行为应当避免，哪些行为需要着力培养，哪些行为必须控制。行为管理要有明确标准与具体规定，且应聚焦日常细节。清代李毓秀所著《弟子规》将儒家“忠孝”思想巧妙融入日常生活，对弟子（学生）日常行为细节进行详尽规定，对学生日常行为管理极具指导价值。

步入新时代，中国身处“百年未有之大变局”关键节点，面临人工智能带来的机遇与挑战，“培养什么人，怎样培养人，为谁培养人”，成为教育工作者必须深思的时代之问。

鉴于《弟子规》成书年代久远，客观而言，其中所定规矩，虽大部分具备合理性，但受时代局限，确有部分不合时宜之处。然而，只要稍作修改，赋予其贴合当下的现代意义，便能重焕生机，成为指引学生行为规范与处世准则的有效参考。

作者依据时代变迁，摒弃部分与当下发展要求相悖的规矩，结合新时代需求，对书中规定重新诠释、赋予新义。书中词条源于清代，案例则取自现代；文字出自往昔，思想却与时俱进。学好《弟子规》，做好中国人。作者并非要让学生重回过去，而是引导学生汲取中华优秀传统文化的精髓，学以致用，赋予学生智慧与力量。

好的教育必然是关注人本身、致力于让人变得更好的教育。中华文化是我们共同的精神家园，国学是我们宝贵的精神宝库。尽管人工智能不断发展，时代持续变迁，但只要我们根植于传统，勇于创新，教育必将成为个人终身发展的坚实基石。

蔡奇渊

湖北省特级教师、正高级讲师

目录

第一部分 总叙

总叙

百善孝为先
孝敬是根本

原文：弟子规，圣人训。首孝弟，次谨信。

译文：《弟子规》是圣人的教诲。首先要孝敬父母、友爱兄弟姐妹，其次要谨言慎行、讲求信用。

要义解析

“百善孝为先”，孝是德的根本。孝敬父母不仅是一个人品德的基础，也是我们判断一个人品行的基本标准。古人非常有智慧，他们认为，一个人只要能孝敬自己的父母，自然就会把这份爱心和恭敬心延伸到其他人身上，处理好各种人际关系。正如《孝经》所说：“爱亲者，不敢恶于人；敬亲者，不敢慢于人。”

反过来，如果一个人连自己的父母都不敬爱，怎么可能真心尊重和关心他人呢？《孝经》还说：“不爱其亲而爱他人者，谓之悖德；不敬其亲而敬他人者，谓之悖礼。”

一个人如果连自己的亲人都不爱，根本没资格在外面谈感情、爱情或义气；连自己的父母都不敬，说什么“爱人”，都是虚伪的，这是违背自然规律的。

《论语·为政》里也提道：“人而无信，不知其可也。”意思是，一个不讲信用的人，真不知道他能做好什么事。信誉是我们的第二张名片，尤为珍贵。

范例故事

乌鸦反哺

乌鸦——一种通体漆黑、面貌丑陋的小鸟，因为人们觉得它不吉利而遭到厌恶。然而，正是这种不起眼的小鸟，却拥有一种值得我们人类称道的美德——养老、爱老。

据说，乌鸦在母亲的哺育下长大，当母亲年老体衰，不能觅食或双目失明时，它的子女就会四处寻找食物，衔回来嘴对嘴地喂到母亲口中，回报母亲的养育之恩。它们从不厌烦，直到母亲临终，再也吃不下东西为止。这就是人们常说的“乌鸦反哺”。

实践指南

小组讨论

孝敬父母，你做到了吗？分享你在生活中孝敬父母的具体事例。比如：

1. 你为父母做过哪些让他们感动的事？

2. 你是否因为父母的批评而顶嘴？事情过后你是怎么弥补的？

讨论后，每组选一名代表分享小组讨论的结果。

贴心指引

《弟子规》是启蒙养正，教育子弟防邪存诚、趋吉避凶，养成忠厚家风的经典读物，集中国传统家训、家规、家教之大成。

《弟子规》三字一句，每句押韵，十二字表达一个相对完整的意思，内容浅显易懂。“规”就是做人的道理，行为的规范；“弟子”即学生、子弟之义，人人都为人子女，人人都为人弟子，所以，“弟子”涉及所有的人。现代的研究学者指出，《弟子规》的核心是倡导通过修己爱人，实现家庭和睦、社会和谐，是人生第一规，是做人的根本。

原文： 泛爱众，而亲仁。有余力，则学文。

译文： 博爱大众，亲近有仁德的人。有多余的时间和精力，就去学习有益的学问。

要义解析

做人和学习的顺序为：先学会做人，再学习知识。“施比受更有福”，帮助别人是快乐的源泉。做人要有爱心，关心身边的人，不要为小事斤斤计较。有人说，人生有三大遗憾：遇到好老师却不学习，遇到好朋友却不深交，遇到好机会却不把握。要多和优秀的同学或朋友交往，学习他们的优点，互相鼓励、共同进步。因为和什么样的人在一起，自己就可能成为什么样的人。

现在很多家长常对孩子说：“你只要把书读好，其他不用管。”其实，人的成长是全方位的，错过了培养的时机，很难再补回来。只有先学会做人，才能更好地学习文化知识。否则，即使成绩再好，也可能成为品行有缺陷的人。我们如果把学习知识放在首位，却忽略了为人处世的规范，这是本末倒置的。

所以，从现在开始，努力成为一个有爱心、有责任感的人吧。

范例故事

六尺巷

清朝康熙年间，张英担任文华殿大学士兼礼部尚书。他老家桐城的官邸与吴家为邻，两家院落之间有条巷子，供两家人出入使用。后来吴家要建新房，想占这条路，张家人不同意。双方争执不下，将官司打到当地县衙。张家人一气之下写封加急信送给张英，要求他出面解决。张英看了信后，认为应该宽容大度，他在给家人的回信中写了四句话："一纸书来只为墙，让他三尺又何妨？长城万里今犹在，不见当年秦始皇。"家人阅罢，主动让出三尺空地。吴家见状，深受感动，也主动让出三尺房基地，两家之间由此形成了一条六尺宽的巷道。此巷因故事的流传而得名"六尺巷"。

实践指南

小组讨论

如何与优秀的人相处？分享你与优秀同学或朋友相处的经历。例如：

1. 你从他们身上学到了什么？
2. 他们是如何影响你的？

讨论后，每组选一名代表分享小组讨论的结果。

贴心指引

在一次诺贝尔奖得主聚会上，有记者问一位获奖者："你在哪所大学、哪所实验室学到了你认为最主要的东西呢？"出乎意料，这位学者回答："是从小在家里，在幼儿园。"记者惊讶地问："在家里、在幼儿园你能学到什么呢？"学者回答："我学到的是，把自己的东西分一半给小伙伴们，不是自己的东西不要拿；东西要放整齐；吃饭前要洗手；做错事要表示歉意；午饭后要休息；学习要多思考、要仔细观察大自然。从根本上说，我学到的全部东西就是这些，是从小养成这些习惯，让我成功了。”这位学者的回答得到了在场科学家的普遍认同。这些规矩在《弟子规》这本书中都有明确的要求。所以有人说：小胜靠智，大胜靠德，成才的基础是德行。

家俭则兴，
人勤则健。
——《**曾国藩家书**》

【简析】
家庭保持俭朴的传统，
就能够兴旺；
人保持勤劳就能够健康。

第二部分

入则孝

在日常生活中要孝顺父母

入则孝

不孝父母
奉神无益

原文： 父母呼，应勿缓；父母命，行勿懒。

译文： 父母呼唤，应及时应答，不要拖延迟缓；父母交代的事情，要立刻动身去做，不可拖延或推辞偷懒。

要义解析

这段讲的是对待父母呼唤和吩咐的正确态度。看似简单的要求，但在现实生活中，却常常被忽视。现在有的孩子从小被宠爱，容易滋生骄纵习性。父母叫孩子时，孩子常常不理不睬，甚至对父母颐指气使。

有一个重要的教育原则叫“慎于始”，意思是好习惯要从小培养。孩子如果不懂得尊重父母，怎么能尊重别人？所以，从现在开始，学会及时回应父母，认真完成他们交代的事情，这不仅是对父母的尊重，也是培养自身责任感和行动力的重要方式。

范例故事

孟母断织

孟子小时候，有一天读书读累了，就偷偷跑回家。当时，他的母亲正在织布，见他逃学回来，非常生气，拿起剪刀把快织好的布剪断了。孟子很惊讶，问母亲为什么这样做。母亲说：“织布要一线一线地连起来，断了就成不了布。读书也是一样，只有每天用功，才能成为有用的人。你现在就厌倦了，将来怎么能有成就呢？”

孟子听了非常惭愧，立刻回到学堂发奋读书，后来成为著名的大学问家。

实践指南

互动游戏：行动力挑战赛

全班同学分成几组，每组依次完成以下任务：

1. 模拟父母的呼唤，立刻回应并行动；
2. 模拟父母交代任务，迅速完成；
3. 分享一个自己认真对待父母要求的经历。

贴心指引

与父母沟通的小技巧之一

1. 营造良好沟通氛围

（1）选择合适时间：挑选父母比较空闲、心情相对放松的时候去沟通，比如周末的午后或晚饭后。避免在父母忙碌、疲惫或情绪不好的时候谈重要的事情，比如父母刚下班还没休息就开始说学校的问题，可能导致效果不佳。

（2）创造舒适环境：可以选择在客厅的沙发上，或者家里比较安静、温馨的角落与父母交流。如果天气好，也可以和父母到公园等环境优美的地方边走边聊，让沟通在轻松的氛围中进行。

2. 主动表达自己

（1）清晰表达想法：和父母沟通时，要把自己的想法和感受说清楚，比如想要参加学校的某个社团活动，就告诉父母这个社团能让自己学到什么技能、对未来有什么帮助。

（2）分享学校生活：主动和父母讲学校里有趣的事、自己的好朋友、学到的新知识等，增加彼此的了解和亲近感。比如在专业课上学到了新的手工制作方法、做出来的作品得到了老师表扬，和父母分享这份喜悦。

（3）使用恰当语言：注意沟通时的语言和态度，不要用生硬、顶撞的语气。即使有不同意见，也要心平气和地说。比如觉得父母对自己的零花钱管理太严格，可以说“爸爸妈妈，我觉得我现在长大了，能不能适当多给我一点零花钱呀，我会合理安排的”。

父母身份的变化

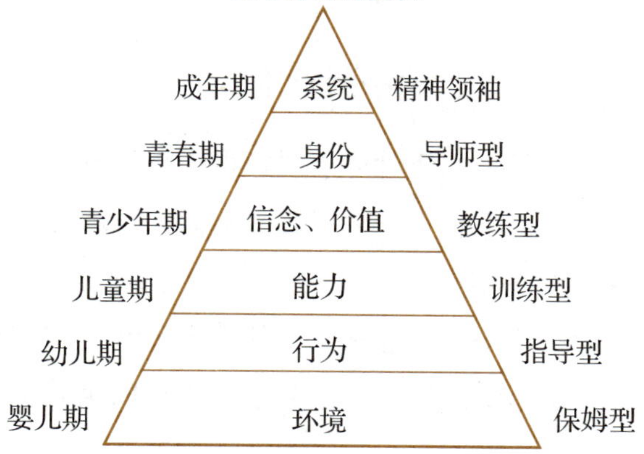

原文：父母教，须敬听；父母责，须顺承。

译文：父母的教诲，应该恭敬地聆听；做错了事，父母教育和责备时，应当虚心接受，不可强词夺理。

要义解析

有的孩子被父母说一句，他们可能会顶三五句，甚至摔门走人或者把自己关在房间里。这源于小时候没重视礼仪教育，时间一长，孩子很难体谅父母的苦心，只顾自己的感受，变得自以为是，以自我为中心。若在家里都不听父母的话，到社会上，跟长辈、领导或者朋友相处时，也很难有恭敬心。一言不合，就可能吵起来，甚至动手。

跟父母说话的态度，对自己一生影响很大。培养孝心和恭敬心，对未来发展大有助益。父母叫时不回应，拖拖拉拉，那就是一种傲慢，没有恭敬心。

子游曾问孔子："以很丰厚的生活奉养父母，这算不算尽孝呢？"孔子回答，如果只是给父母好吃好喝，但没有恭敬心，那跟养狗养马有什么区别呢？怎么能叫尽孝呢？所以，孝道的核心是"敬"，人伦之道以恭敬心为基础。养成了对父母温和、柔顺、恭敬的态度，进入社会，这种修养会赢得他人的重视和尊重，成为未来幸福和成功的源泉。

当然，父母对子女的建议要求，不一定都对。这时不能盲从"顺承"，要具体问题具体分析，找机会委婉说明情况。

范例故事

孟宗哭竹生笋

从前，吴国有个孝子孟宗，他对母亲照顾得十分周到。一年冬天，天气特别冷，母亲突然病了，什么也不想吃。孟宗着急地问："母亲，您想吃点啥？"母亲说："我只想喝一碗新鲜的笋汤。"孟宗一听，马上跑到屋后的竹林里，到处挖笋。可是冬天哪有笋啊，孟宗急得大哭起来。他的眼泪一滴一滴掉在雪地上，眼泪融化了雪，地上竟然长出了嫩绿的笋！他赶紧挖出来，回家做了碗笋汤。母亲喝了汤，病就好了。

我们要从孟宗的行为动机和态度中汲取力量，学习他对父母的真心关爱和在尽孝中克服困难的坚定决心，并在日常生活中以实际行动践行孝道。

实践指南

情景模拟：你会怎么说？

假设你因为玩手机耽误了学习，父母批评了你。你会怎么回应？请模拟对话。

父母："你怎么又在玩手机？作业写完了吗？

你：（试着用恭敬的态度回应）"对不起，我马上写作业。"

贴心指引

与父母沟通的小技巧之二

1. 有效处理分歧

（1）求同存异：如果和父母的观点一时无法统一，先找到双方都能接受的部分，暂时搁置分歧。比如关于毕业后是升学还是就业，父母希望升学，自己想早点就业，可以先达成共识，在中职期间先把专业知识学好，技能练扎实，再进一步讨论未来方向。

（2）协商解决方案：遇到问题时，和父母一起商量解决办法。比如学习成绩不理想，父母希望请家教，自己觉得可以利用课余时间去图书馆学习，就应该和父母商量，制订一个合理的学习计划，看看哪种方式更有效。

2. 借助其他方式沟通

（1）写便条或信件：如果有些话当面说不出口，或者觉得文字能更好地表达自己的想法，可以写便条或信件给父母。比如对父母的感谢之情，或者自己内心的一些小秘密、小烦恼，都可以通过文字的形式传达。

（2）用行动表达：有时候行动比语言更有说服力。比如父母希望自己能更自律，就用实际行动表现出来，每天按时起床、认真完成作业、主动做家务等，让父母看到自己的改变和成长。

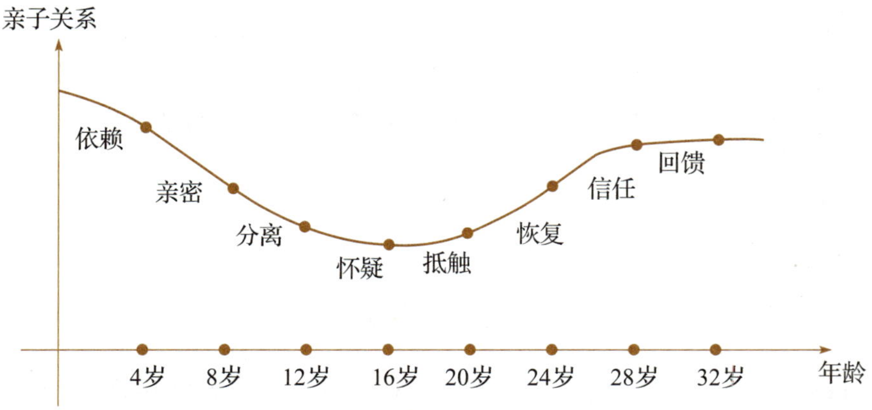

冬则温，夏则凊；晨则省，昏则定。

照料父母要让他们冬暖夏凉；早晨要向父母请安，晚上要照料父母安眠。

要义解析

《论语·为政》中说：“今之孝者，是谓能养。至于犬马，皆能有养；不敬，何以别乎？”孝敬父母要从关怀他们的日常生活开始。有的人平时对父母不闻不问，以为只要给钱就是孝敬。想想小时候，特别是上小学时，父母很早起床为我们准备早餐。晚上我们如果睡晚了，父母会反复提醒我们注意休息，要长身体。对现代人来说，不必拘泥于黄香那样暖被窝、扇枕席的形式，但是关心父母的冷暖还是必须做到的。当父母年老了，做子女的也要尽可能地为他们创造一个安全舒适的环境，让他们安心静养。儿女绕膝，才能让父母尽享天伦之乐。

范例故事

黄香温席

汉朝的时候，有个叫黄香的孩子，虽然年纪小，但非常孝敬父母。夏天，酷暑难耐，为了让父母晚上能很快入睡，黄香每晚都先用扇子把枕席扇凉，再请父母去睡；冬天，天寒地冻，黄香先钻到父母冰凉的床上，用身体温热被子后，再扶父母上床。这份孝心也让黄香在做人、求学上有所成就，后来成为以孝闻名的好官。

实践指南

情景模拟：你会怎么做?

假设你发现父母晚上睡不好，你会怎么帮助他们？请模拟对话。

你：“爸 / 妈，我看你最近睡得不太好，要不要我帮你调整一下床铺，或者给你泡杯热牛奶？”

贴心指引

不做唠叨的家长

进入青春期的孩子，最烦家长事无巨细地询问、唠叨。这个年龄的孩子不爱搭理人，但并不代表他们没听见家长的话。因此，家长不要没完没了地重复同一句话，这会引起孩子的反感。

可以事先告诉孩子：“无论好事坏事，我只说一遍。如果你不听，耽误了是你自己的责任。”与其成为被孩子烦的唠叨家长，不如让孩子经历一两次教训。

原文：出必告，反必面；居有常，业无变。

译文：出门时要告诉父母去向，回家后要当面向父母报平安；起居作息要有规律，做事要有常规，不要任意改变，以免父母忧虑。

要义解析

《论语·里仁》中，孔子说：“父母在，不远游，游必有方。”现在的生活节奏加快，对许多人来说，“常回家看看”也是一种奢望。子女出门时一定要告诉父母自己去哪里、什么时候回来，绝不能让父母为我们担心。比如，放假返校后，要及时打电话或发短信向父母报平安。在外读书、工作或出差，要让父母知道自己居住的地方，此外，日常起居要有规律，这样才能保持健康，父母才会安心。“儿行千里母担忧”，回家就是给父母最好的礼物！

范例故事

聂政的孝心

聂政是战国时期的一位侠士，非常孝顺母亲。父亲去世后，他和母亲相依为命。聂政因为武艺高强，常有人请他出门行侠仗义、打抱不平。为了不让母亲担心，遇到危险的事，聂政总是回避，尽量在家陪母亲。几年后，聂政的母亲去世了。安葬了母亲后，聂政就离开了家，行侠仗义去了。这次出门，因为无牵无挂，聂政再也没有回来。

实践指南

小任务：养成“报平安”的习惯

每天出门或回家时，主动告诉父母你的行踪。例如：

出门前说：“我去打球了，下午回来。”

回家后说：“我回来了，今天一切顺利。”

坚持一个月，看看自己能否养成这个好习惯。

贴心指引

老年人为什么都有唠叨的习惯呢?

老年人从工作或劳动岗位退下来后，就会把注意力过分集中在一些“不顶用”的事情上。譬如热衷于回首往事，因而喋喋不休。晚辈下班回到家之后，老人就会尽情倾诉心中郁积之言。

子女独立后不少事情不再听命于父母，本能的心理防卫功能会使老人坚持己见与习惯，不赞成小辈的意见和做法。或有的老人觉得自己别无所求，因此把生活的希望寄托于下一代，转而对下一代过分关心。

另外，老人需要通过话语的不断反复，来达到心理活动和客观环境的平衡。老年人由于大脑的退化和机能障碍，明显地引起感知能力降低。老年人感知能力降低之后，这种心理活动的反馈就失灵了。如看不清东西，就自言自语地督促自己集中注意力努力张望；听力减退，自己说的话连自己都没有听到，就会重复再说，力求使自己听到；看到别人开口，自己却听不清，就会产生焦虑，再三催问。

记忆力减退，更是老年人反复唠叨的重要原因。这主要表现在短时记忆能力的障碍。老年人往往对眼前之事迅速遗忘，看文章、听讲话，必须重复几遍才能搞清楚；自己刚刚讲过的话，立刻又忘了，还以为自己根本没讲过，这样势必重复同样的话语。

总之，喋喋不休是老人心理、生理功能退化的表现。作为晚辈，我们应该宽容，多给予关心和尊重。

原文： 事虽小，勿擅为；苟擅为，子道亏。

译文： 事情虽小，也不要擅自做主和行动；擅自行动会造成错误，让父母担忧，有失做子女的本分。

要义解析

我们人生中一个很大的问题，就是过分关注“大”，嫌弃“小”，却忘记了“大”是由“小”构成的。生活中，有些孩子乘坐公共交通工具时，上车后没有规矩，穿着鞋在座位上乱蹦乱跳，有的甚至将零食残渣随意抛洒，这就是“擅为”，完全没有考虑别人的感受和利益，这往往是家长纵容的结果。这样的纵容，会让孩子丧失做事的协调能力，因为他觉得一切都是为自己准备的，不需要考虑别人。

那么，当他长大了，做事也会很少考虑他人，这样的人在单位能受欢迎吗？很多家长说：“等他长大了就明白了。”其实，小时候形成的思维惯性，还真可能改不过来。因此，“事虽小，勿擅为”告诉我们：教育孩子做事时，要考虑周围的人际关系，兼顾他人的利益与感受。

范例故事

刘备教子

三国时期，刘备临终前对儿子刘禅不放心，除了把他托付给丞相诸葛亮，还给他写了一封信来教育他。信中说：“勿以恶小而为之，勿以善小而不为。惟贤惟德，能服于人。”意思是，不要因为事情小就胡作非为，也不要因为事情小就不去做；只有品德良好，才能让人信服。起初，刘禅在诸葛亮的辅佐下，还没有大的失误。但诸葛亮死后，刘禅开始宠信宦官，逐渐放纵自己，最终蜀国被曹魏灭掉，刘禅也成了俘虏。

实践指南

小组讨论：小事也要商量吗？

分组讨论，分享你在生活中遇到哪些小事是需要和父母或老师商量的。比如：你是否曾经因为擅自做主而让父母担心？你认为哪些事情可以自己做主，哪些事情必须和父母商量？

讨论后，每组选一名代表分享小组讨论的结果。

贴心指引

开一个玩笑　抱憾终生

有这样一个真实的事情：学校课间休息时，一个同学在他的同桌要坐下的时候，把椅子挪开了，结果这个同学坐在地上，脊椎摔断，终生瘫痪。一个玩笑导致这样的后果，双方家庭都抱憾终生。受伤的同学将在床上躺一辈子，很苦。他的父母更苦，孩子养了这么大，突然变成残疾，父母比他还难受，每天看到他都要偷偷地流泪。而开玩笑的同学造成的大错也无法弥补，他的家庭要承受沉重的经济负担，并且他和他的父母时时受到良心的谴责。所以，任何对人身安全有损害和危害到社会的不良行为，我们绝对不能做，见到时要极力劝阻。

原文： 物虽小，勿私藏；苟私藏，亲心伤。

译文： 公物虽小，也不要私自占为己有；如果私藏公物，缺失品德，就会让父母伤心。

要义解析

《礼记·大学》中说，“曾子曰：十目所视，十手所指，其严乎”。这句话告诉我们，做人要时刻保持警惕，即使没有人看到，独处时也要谨慎。凡是不属于自己的东西，都应该征求别人的同意。如果擅自藏匿或偷偷占为己有，都是品德上的重大瑕疵，会让明事理的父母感到羞耻。特别是在学校或没人看到的地方，看到自己没有的好东西，可能会想占为己有。刚开始觉得好玩或开玩笑，但这可能逐渐发展成偷盗行为。有远见的父母会从小注意孩子的书包，看看是否有多出来的文具或其他用品。如果发现不明来路的东西，一定要及时提醒和告诫。

有句话说得好："群众的眼睛是雪亮的。"如果我们平时能彼此提醒，不拿不该拿的东西，周围就会减少许多偷盗现象。

范例故事

诚实的小明

小明在学校图书馆自习时，发现座位角落有一个崭新的笔记本，里面还夹着一张精美的书签。小明下意识地环顾四周，发现周围没人注意。他的内心开始挣扎，这个笔记本太漂亮了，自己很想要。但很快，他想起父母和老师的教导：要诚实，不属于自己的东西不能拿。犹豫片刻后，小明拿着笔记本找到图书馆管理员，说明了情况。管理员表扬了小明，还通过校园广播公开赞扬他的诚实行为。小明虽然没得到笔记本，却收获了满满的自豪感，也让同学们都意识到诚实的重要性。

实践指南

诚实小剧场

设计一个诚实小剧场，模拟以下场景：

场景 1：你在学校捡到一部手机，你会怎么处理？

场景 2：你发现同学的书包里有一支你丢失的笔，你会怎么和他沟通？

分组表演，看看哪组的处理方式最诚实、得体。

贴心指引

孔子借伞

孔子有天外出，天要下雨，可是他没有雨伞，有人建议说：子夏有，跟子夏借。孔子一听就说：不可以，子夏对财物比较谨慎，我借的话，他不给我，别人会觉得他不尊重师长；借给我，他肯定要心疼。

感悟：和人交往，要知道别人的短处和长处，不要用别人的短处来相处和考验对方，否则会使友谊难以长久。

原文：亲所好，力为具；亲所恶，谨为去。

译文：父母喜欢的事情，应该全力去做；父母厌恶的事情，要谨慎地远离或避免。

要义解析

扪心自问，我们有多少人真正了解父母的喜好？你知道父母的生日吗？熟悉父母喜欢吃的菜吗？有个孩子长大后，母亲节那天在外吃饭，酒店让她点一个母亲最喜欢的菜赠送。结果她想了半天，发现自己居然不知道母亲最喜欢吃什么，最后只能点了一道自己喜欢的菜。事实上，父母喜欢我们多与他们沟通交流。这些都是我们当前能做到的，也是一份很好的孝心。

范例故事

伯俞泣杖

韩伯俞是汉代梁州人，他非常孝顺他母亲，母亲也很疼爱这个儿子，希望他能早日成才，所以对他要求很严厉，只要韩伯俞做错事情，母亲就用手杖揍他。每当这个时候，韩伯俞都是低着头、躬着身乖乖地挨打，不申辩，也不哭，直到母亲打完了，气消了，他才“怡吾色，柔吾声”地向母亲解释，比如不一定是儿子做错了，可能是你老人家误解了等，一定要让母亲转怒为喜，韩伯俞才高兴。后来，韩伯俞年纪大了，母亲也老了。有一次，韩伯俞又因为一件事情惹老太太不高兴了，老太太拎起手杖就要教训儿子，韩伯俞像过去一样不声不响地低着头、躬着身让母亲打。但是打了两下，老太太突然发现韩伯俞哇哇哇地哭。老太太很震惊：小时候我打过你很多次，你从来不哭，怎么今天你突然哭了？是不是把你打疼了？哪知韩伯俞说：母亲，您以前是打疼我的，那让我知道您身体健康，有力气，所以我内心还很庆幸。可今天您打我，我一点都不疼了，我就知道您年纪大了，身体不好了，所以我才哭啊。

伯俞泣杖的故事被传为佳话。安徽有个乡村的祠堂遗址，这个祠堂就叫泣杖祠，以训诫后人。

实践指南

小组讨论：了解父母的喜好

分组讨论，分享你对父母的了解。例如：你知道父母的生日吗？你知道父母最喜欢吃的菜是什么吗？你知道父母最难忘的事是什么吗？

讨论后，每组选一名代表分享小组讨论的结果。

贴心指引

如何了解父母的喜好

留意父母的日常习惯，关注他们的物品喜好，多与父母沟通等。这样不仅能增进感情，还能更好地孝敬父母。

原文：身有伤，贻亲忧；德有伤，贻亲羞。

译文：自己的身体受到伤害，父母就会忧虑；道德品行出现问题，父母亲就会蒙受羞辱。

要义解析

人生不如意事十之八九，每个人都会遇到一些坎坷或挫折。这个时候，我们要学会照顾自己，自立自强。只要不是大问题，比如小感冒，我们应该学会自己解决。出门在外，要学会报喜不报忧，努力做最好的自己。

现在的学生犯错后，特别不愿意让老师告诉家长。虽然这是体谅父母的表现，但更重要的是，不能明知故犯或一错再错。请记住：一个时常想到父母的人，就不会自暴自弃。

范例故事

包拯家训

北宋名臣包拯，一生刚正不阿、廉洁奉公，其美名流传千古。包拯深知品德修养对个人及家族的重要性，为教育子孙后代，特立下严格家法。

他规定："后世子孙仕宦，有犯赃滥者，不得放归本家；亡殁之后，不得葬于大茔之中。不从吾志，非吾子孙。"意思是，他的子孙若为官，一旦有贪污受贿、胡作非为之举，罢官后不许回祖籍老家，去世后也不能葬入包家祖坟。违背此意愿者，便不算他的子孙。

包拯以这样严苛的家训，时刻警醒后代。在他看来，品德有亏不仅会让自己蒙羞，更会使家族声誉受损，令列祖列宗颜面无光。在包拯的言传身教与严格家训约束下，包氏家族后人大多谨遵教诲，传承廉洁正直的家风，在各自的人生道路上坚守品德底线，不做出让父母蒙羞、家族蒙尘之事。

实践指南

情景模拟：你会怎么做？

假设你在学校不小心受伤了，父母知道后非常担心，你会怎么安慰他们？请模拟对话。

父母："你怎么受伤了？严不严重？"

你：（试着用轻松的语气回应）"没事，只是小伤，我已经处理好了，别担心！"

贴心指引

古人讲："身体发肤，受之父母，不敢毁伤，孝之始也。"我们的身体、头发、皮肤都是父母给的，我们要孝敬父母，就应该善待自己，这才叫孝心。"身有伤，贻亲忧"，自己万一受伤了，家长会担忧，那就是不孝。"德有伤，贻亲羞。"如果品德有污点，如小偷小摸、赌博等，会让家长蒙羞，也正应了"养不教，父之过"这句话。

原文：亲爱我，孝何难；亲憎我，孝方贤。

译文：父母喜爱我们的时候，孝顺不是困难的事情；父母不喜欢我们或管教过于严厉的时候，仍坚持孝道才称得上真正的贤德。

要义解析

平心而论，普天之下，最疼爱我们的是父母，所以说天下无不是的父母。有时我们可能不能理解或接受父母表达爱的方式；父母的爱有时也会有偏差，即便父母不小心真的错怪了我们，也绝不能心生憎恨，口出恶言，甚至说些“我再也不要你们管了”“我们一刀两断”之类让父母伤心的话。

范例故事

魏晋时期，有个叫王祥的孩子，生母早逝，父亲续弦朱氏。朱氏对王祥百般刁难，不仅让他包揽家中粗活，还常在丈夫面前说他坏话，导致王祥渐渐失去父亲的疼爱。即便如此，王祥对继母依然恭敬孝顺。一年寒冬，朱氏突发重病，卧床不起，说想吃新鲜鲤鱼。当时河面早已冰封，根本无法捕鱼。王祥没有丝毫犹豫，来到结冰的河边，脱去外衣，躺在冰面上。他想用自己的体温融化坚冰，好捕捉河中的鲤鱼。凛冽的寒风如刀割般刮在他身上，可王祥咬紧牙关，一动不动。

或许是王祥的孝心感动天地，冰面突然裂开，两条活蹦乱跳的鲤鱼跃出水面。王祥赶忙将鲤鱼带回家，熬成鲜美的鱼汤给继母喝。朱氏被王祥的孝心深深触动，从此放下偏见，视他如亲生。王祥在被继母苛待的境遇中，始终坚守孝道，用行动诠释了“亲憎我，孝方贤”的真谛。

实践指南

情景模拟：你会怎么做？

假设父母因为某件事误会了你，你会怎么解释？请模拟对话。

父母：“你怎么能这样做？太让我们失望了！”

你：（试着用平和的语气回应）"爸、妈，你们误会了，事情不是这样的，听我解释一下。"

贴心指引

现代家庭教育的10把刀

第1把刀：太多的关爱，使得孩子不知珍惜；
第2把刀：太多的唠叨，使得孩子逆反对抗；
第3把刀：太多的干预，使得孩子缺乏自主；
第4把刀：太多的期望，使得孩子难以承受；
第5把刀：太多的责备，使得孩子失去动力；
第6把刀：太多的迁就，使得孩子不知约束；
第7把刀：太多的在意，使得孩子要挟家长；
第8把刀：太多的享受，使得孩子不知节俭；
第9把刀：太多的满足，使得孩子缺乏快乐；
第10把刀：太多的溺爱，使得孩子不能成长。

原文： 亲有过，谏使更；怡吾色，柔吾声。
译文： 父母有过错的时候，应小心劝导其改过向善；劝导时要和颜悦色、态度诚恳。

要义解析

人无完人，金无足赤。父母有时也会有这样或那样的过错，比如嗜酒、沉迷赌博等。这时，子女要小心劝导，注意态度、方式和方法。《论语·为政》中，子夏问孝，孔子说："色难。"意思是，孝顺不仅是给父母吃的、穿的，更重要的是随时给父母一个好脸色，而不是一张冷漠或厌烦的脸。

有的同学可能对家里的情况不太满意，觉得父母总是争吵或唠叨，索性放假也不愿意回家，认为"眼不见，心不烦"。这种做法并不可取，我们应该学会理解父母，耐心劝导他们，而不是逃避。

范例故事

孙元觉劝父

春秋时期，有个叫孙元觉的孩子，非常孝顺长辈，但他的父亲对祖父却极不孝顺。有一天，父亲决定把病弱的祖父扔到深山里去。孙元觉哭着跪倒在父亲面前，恳求他不要这样做。父亲却哄骗他说："爷爷年老了，年老不死会变成妖怪的。"

到了山里，父亲放下祖父就要离开。孙元觉一声不吭地背起抬祖父的竹筐，父亲不明白他的意思。孙元觉说："等到你老了，就能用上它了。"父亲一听，大吃一惊，最终改变了主意，把祖父接回了家。

实践指南

小组讨论：如何劝导父母？

分组讨论，分享你在生活中劝导父母改掉不良习惯的经历。例如：你是否曾经成功劝导过父母？你认为哪些劝导方式最有效？

讨论后，每组选一名代表分享小组讨论的结果。

贴心指引

父母必读：最伤孩子心的十句话

最伤孩子心的十句话，提醒父母们嘴下留情，不要用语言伤孩子的心。同时告诉父母，应该对孩子说什么，以及父母应该怎样从正面、积极、健康的角度审视孩子、肯定孩子、表扬孩子、激励孩子。

第一句："你可真行，竟做出这种事！"

接纳孩子的缺点，想一想孩子为什么这样做。

第二句："我再也不管你了，随你的便好了。"

没有力度的话不要说，别把父母的意愿强加给孩子。停止空洞的说教，尊重是最好的办法，批评孩子时，注意不要伤着孩子。宽容孩子的"不务正业"，不要强迫孩子做他暂时不喜欢的事。

第三句："我说不行就不行。"

别要"因为我是你爸爸"的威风，惧怕不等于信服。尊重孩子的选择，学会与孩子商量，听听孩子的建议。

第四句："就知道玩，一提学习就没了精神。"

让孩子在宽松的环境中学习，适当地玩一玩，不可剥夺孩子玩耍的权利。

第五句："你又做错了，真笨！"

允许孩子犯"错"，失败后孩子更需要肯定。教育孩子是疏而不是堵，告诉孩子每天做好一件事。

第六句："你若考 100 分，我就给你买……"

物质奖励刺激孩子学习并非良策，为孩子制定的目标应该是跳一跳就能摸得到。怎样帮助孩子最有效，要让孩子知道，他们因什么而可爱，学习是他自己的事，别把孩子的分数看得太重要。

第七句："都是一样的孩子，你怎么就不如别人！"

教育孩子不应统一模式，要因材施教。孩子不是一张白纸，不可随意涂抹，别让孩子患上"习得性无助"。告诉孩子：成功不在于角色的大小，关键在于自己全力以赴。让孩子学会跟自己比赛，以他自己的速度成长。

第八句："住嘴！你怎么就是不听话。"

"听话"的孩子到底好不好？不要一味要求孩子服从自己，给孩子争辩的权利，培养有主见的孩子，学会与孩子沟通。当孩子与父母顶嘴时，沉默会更具有震慑力。

第九句："一看你就没多大的出息，将来就捡破烂吧！"

摆正期望的天平，永远不要对孩子说"你做不到"。做自信的父母，孩子需要赏识，渴望被肯定。给孩子一个机会，让他去锻炼，驱除孩子心中自卑的阴影。

第十句："笨蛋，没用的东西。"

告诉孩子：你不笨。不想让孩子成为"笨蛋"，就要在平常生活中赏识孩子，翘起你的大拇指。一句简单的话，能改变孩子的一生。

原文： 谏不入，悦复谏；号泣随，挞无怨。

译文： 如果父母不接受子女的规劝，要反复地再劝，甚至哭泣恳求，如果因此而遭父母的鞭打，也不要怨恨父母。

要义解析

大家可能都有这样的体会：父母有些不好的习惯，说了也不听，与其自讨没趣，不如顺其自然。但想想我们小时候，身上有很多毛病，父母是不是不厌其烦地让我们改正？当我们特别抵触、反感时，父母有没有轻易放弃我们？

有些劝告父母的话，父母可能当时碍于面子听不进去，但次数多了，父母还是会听的。我们也要特别注意劝告的方式与方法，即使受到父母的责骂，绝不能口不择言。要相信“精诚所至，金石为开”。

范例故事

闵子骞劝父

闵子骞小时候经常受继母的虐待。有一年冬天，闵子骞兄弟俩随父亲外出。在外面，闵子骞一个劲地喊冷，弟弟却说热。父亲见闵子骞穿的棉衣比弟弟的还要厚，以为他在撒谎，就用鞭子打他。鞭子把棉衣抽破了，露出了散乱的芦花，父亲这才明白真相，决定把继母赶走。闵子骞哀求父亲说：“现在只有我一人受冻，母亲走了，我们兄弟两人都会孤单。”父亲最终打消了赶走继母的念头。

实践指南

情景模拟：你会怎么做？

假设你发现父母有不良习惯，比如抽烟或喝酒，你劝了几次他们都不听，你会怎么继续劝导他们？请模拟对话。

你：“爸，我知道你平时压力大，但抽烟对身体不好，能不能少抽点？我们一起去散步或是打球？”

贴心指引

十句最伤父母的话，你说过几句？

第一句：“好了，好了，知道，真啰唆！”

第二句：“有事吗？没事？那挂了啊！”（父母打电话，也许只想说说话，我们能否理解他们的用意，不要匆忙挂了电话。）

第三句：“说了你也不懂，别问了！”

第四句：“跟你说了多少次不要你做，做又做不好。”（一些他们已经力不能及的事，我们因为关心而制止，但这样让他们觉得自己很无用。）

第五句："你们那一套，早就过时了。"（父母的建议，也许起不到作用，可我们能否换一种回应的方式？）

第六句："叫你别收拾我的房间，你看，东西都找不到了！"（自己的房间还是自己收拾好，不收拾，也不要拂了父母的好意。）

第七句："我要吃什么我知道，别夹了！"（盼着我们回家的父母总想把所有关心融在特意做的饭菜里，我们默默领情就好。）

第八句："说了别吃这些剩菜了，怎么不听啊！"（父母的节约习惯，很难改，让他们每次尽量少做点菜就好。）

第九句："我自己有分寸，不要老说了，烦不烦！"

第十句："这些东西说了不要了，堆在这里做什么啊！"（他们总想把与我们成长有关的东西都收藏起来，也许会占满房间，多年后，看到自己还是婴儿时的小棉袄，难道不是很惊喜吗？）

原文：亲有疾，药先尝；昼夜侍，不离床。

译文：父母生病时，要替父母先试试汤药的冷热；要昼夜服侍，不离开父母床前。

要义解析

许多人批评《弟子规》过时，说现在的药哪能自己先尝。古人吃的是中药，基本上是汤药，小辈在尊长有病时要先尝汤药，看看温度是否适中，并且衣不解带地照顾，这是中国传统文化中最基本的孝心。现代社会，子女照顾生病的父母是送到医院、联系住院床位、支付医药费、陪护父母等。"昼夜侍，不离床"，依然差不多。

想想我们小时候生病，父母给我们喂药时，是不是生怕烫着我们？甚至整晚不睡觉，守着我们，不停地为我们量体温，摸我们的头，恨不得替我们去生病。一个人是否真正孝顺，在父母生病的时候最能体现出来。所谓"久病床前无孝子"，这是最考验子女孝心的时候。

范例故事

汉文帝亲尝汤药

汉朝时，汉文帝虽然贵为皇帝，却非常孝敬自己的母亲。每天不管公务多忙，他都要去母亲房间请安。有一次，文帝的母亲病了，汉文帝日夜精心服侍，一步也不曾离开母亲床前，从未睡过一个安稳觉。而且每天母亲吃药时，他都要亲口尝尝，唯恐太苦、太烫。汉文帝侍奉母亲的故事被传为千古佳话。

实践指南

情景小剧场

场景 1：父母生病了，你会怎么照顾他们？

场景 2：父母因为病痛情绪不好，你会怎么安慰他们？

分组表演，看看哪组的处理方式最能让父母感到温暖。

贴心指引

顶撞妈妈的条件
——爸爸的角色

妈妈总爱唠叨，有一次，已经上高中的儿子不耐烦地顶撞了妈妈，妈妈非常生气。当晚，爸爸便约儿子一起出门散步。两人走了很久，爸爸说道，顶撞妈妈时，下列的事任选一样，做到后，才有顶撞的权利：

1. 连续 3 个月每吃完一餐都可能会有呕吐（孕吐）；
2. 喂奶时被孩子吸到乳头破皮达 1 个月；
3. 肚子里塞一颗篮球达 10 个月；
4. 接受皮鞭抽打 48 小时（生孩子）；
5. 10 个月不能喝冰水、咖啡、茶；
6. 5 个月睡觉不能翻身；
7. 10 个月不能出游远行，不能跳跑；
8. 10 个月不能生病，若是生病了也不能吃药；
9. 到育婴室把屎把尿 1 个月；
10. 晚上睡觉每两个小时起床 1 次、清醒 30 分钟达 1 个月。

一直到要进家门时，爸爸拍拍儿子的肩膀，以男人对男人的语气说："等一下进去时，给我的老婆一点面子！"儿子惊讶于老爸用哥们的语气对他说话，并因男人与男人之间的义气，从此对妈妈毕恭毕敬。

想起一个高中同学说过：有一次他顶撞妈妈，爸爸把他从椅子上踹了下去，斥责他说："你妈是我捧在手心里的宝，我呵护她，照顾她，对她轻声细语，你凭什么对她大呼小叫！"我的同学再也不敢顶撞妈妈了。对孩子来说，"疼爱妈妈"的爸爸，也必定是这个世界上"最好的父亲"。

看到疼爱妈妈的爸爸，相信也会给孩子更多安全感。对于正处于叛逆期的孩子，爸爸的引导很重要。家中孩子如果正处于叛逆期，爸爸们应该多承担起教育引导孩子的责任。

原文： 丧三年，常悲咽；居处变，酒肉绝。

译文： 父母去世，要居丧三年；在居丧期间常哀思养育之恩，居处力求简朴，不可饮酒作乐。

要义解析

为什么要守丧三年？因为在过去，父母养育子女，哺乳期通常有三年。子女在父母过世后守丧三年，也是理所当然的。有时我们想起去世的亲人，眼泪会不自觉地流下来，这也是人之常情。当然，对亲人最好的报答，就是尽力去完成他们的遗愿，用努力和成就来告慰他们的在天之灵，并不完全拘泥于形式。

为弘扬中华优秀传统文化，我国从2008年开始，把清明节定为国家法定假日。

范例故事

小鸟与牛粪

一只小鸟飞到南方去过冬。天很冷，小鸟几乎冻僵了，它飞不动了，落到一大块空地上。一头牛经过那儿，拉了一堆牛粪在小鸟的身上。冻僵的小鸟躺在粪堆里，觉得很温暖，渐渐苏醒过来。它温暖而舒服地躺着，不久就唱起歌来。一只路过的野猫循着声音发现了躺在粪堆里的小鸟，把它拽出来吃掉了。

不是每个往你身上拉粪的人都是你的敌人，也不是每个把你从粪堆里拉出来的人都是你的朋友。

实践指南

小组讨论：清明节的传统与习俗

分组讨论，分享你在清明节时的经历和感受。例如：你是否曾经回家祭祖？你家有哪些祭祖的规矩和习俗？

讨论后，每组选一名代表分享小组讨论的结果。

贴心指引

清明如何祭祖？

清明是二十四节气之一，也是我国重要的传统民俗节日。它最初与气候环境有关，后来融入祭扫、踏青等习俗。作为法定节假日，清明节既体现了对传统文化的传承，也寄托着人们缅怀先人的情感。

清明节又叫寒食节，源自春秋时期晋文公与介子推的故事。晋国在“骊姬之乱”后，晋公子重耳避难奔狄，随行贤士五人，介子推即其中之一。他随重耳在外逃亡十九年，风餐露宿，饥寒交迫，备尝艰难险阻。重耳最终返回晋国，立为晋君，介子推也尽了犬马之劳。但在重耳成就大业后奖赏臣僚时，却把介子推忘了，等到想起这位功臣要奖赏他时，介子推已经负气出走，与母亲藏在绵山不出，重耳下令烧山，想用这个办法把他们母子从山里逼出来。结果生性耿直的介子推不肯出来，母子双双被烧死在绵山的大树下。晋文公无限愧疚，下令这一天全国不准动火，只准吃熟食，所以这一天就叫寒食节。民间在这一天要买上熟食，如猪头肉、鸡、鱼和水酒、水果来供奉，还要送寒衣。

原文： 丧尽礼，祭尽诚；事死者，如事生。

译文： 举行丧礼，要按照礼法；祭奠时，要表现得诚恳。对待去世的亲人要像他们生前一样尽孝道。

要义解析

孔子说："我不亲自参加祭祀，就好像没有举行祭祀一样。"他强调祭祀时内心的真诚。现在有些丧礼只重排场，往往忽略了追思的本质。比起死后"厚葬"，生前尽孝更重要。古人讲"丧虽有礼，而哀为本"，礼仪的关键不在于场面，而在于用心怀念，感恩父母的养育之恩。

范例故事

董永卖身葬父

古时候，有个叫董永的人，在母亲去世后和父亲相依为命。后来父亲也不幸去世，由于家里穷，董永连埋葬父亲的费用也凑不出来。为了埋葬父亲，他只好把自己典押给有钱人家当佣工。董永的孝行感动了天上的仙女，她偷偷来到人间，帮助董永还清了债务，还做了他的妻子。后来人们便把仙女下凡的地方称作"孝感"，即孝心感动了天地。

实践指南

小组讨论：丧礼的意义

分组讨论，分享你对丧礼的看法。例如：你认为丧礼应该注重形式还是内在的哀思？你对请人哭丧或请乐队吹打的做法怎么看？

讨论后，每组选一名代表分享小组讨论的结果。

贴心指引

《常礼举要》中对于"庆吊"的规定

1. 参加吉礼，不谈衰丧话，不戚容，不啼泣。
2. 居丧不参加吉礼，只送仪物。
3. 丧服不入公门，不观吉礼。
4. 贺婚在众宾前，不说不吉利的话。
5. 临丧不笑。
6. 里有殡，不巷歌。

7. 在丧家吃饭，不能喝得面红耳赤。

8. 佩戴丧葬徽章者，礼终即卸去，不佩戴他往。

第三部分 出则弟

在日常生活中友爱兄弟姐妹

出则弟

兄弟不和
交友无益

原文：兄道友，弟道恭；兄弟睦，孝在中。

译文：兄长要友爱弟弟妹妹，弟弟妹妹要恭敬兄长；兄弟姊妹能和睦相处，父母欢喜，孝道就在其中了。

要义解析

“弟道”实际上是“孝道”的延续，因此古人常把“孝”和“弟”并称，作为评价一个人最重要的标准，并视之为做人的根本。现代社会家庭规模小型化，像古代那样庞大的家庭已经很少了。古人说“四海之内皆兄弟也”，如果我们把这种博爱的精神发扬光大，社会怎么会不和谐？

如果做到“兄友弟恭”，冲突自然减少，父母看在眼里便感到欣慰，无形中就践行了孝道。反之，兄弟姐妹冲突吵架，让父母为难，为谁说话都很难公平，父母心中就会担忧、不快乐。所以如果我们有兄弟姐妹，彼此和睦相处，就是对父母最好的宽慰。

范例故事

孔融让梨

孔融是东汉时期的人，他在家中是最小的孩子。据说他四岁时，就懂得谦让。有一天，父亲让他们兄弟几个吃梨，哥哥们都一下子拥到了桌子边，只有孔融静静地在一旁等着。父亲让孔融先挑，孔融走到筐边，拿了个最小的梨。父亲问：“你为什么拿最小的？”孔融说：“大的应该给哥哥们吃，我最小，当然吃小的。”父亲连连点头称赞。长大后，孔融依然保持谦让的高尚品德，成了深受百姓爱戴的好官。

实践指南

情景小剧场

场景 1：你和兄弟姐妹因为一件小事发生了争执，你会怎么处理？

场景 2：你和兄弟姐妹一起为父母准备了一个惊喜，你们会怎么做？

分组表演，看看哪组的处理方式最能让兄弟姐妹和睦相处。

贴心指引

孝顺父母就是感恩父母的生育、养育、教育之恩，他们用心呵护我们，付出一切让我们幸福、平安、快乐生活。

恪尽孝道，应该注意以下三点：

第一，长期坚守：父母以毕生岁月为我们辛苦奉献，我们即使不能长伴膝下，也应该长期供养，悉心伺候，始终如一，周全以待。

第二，注重实质：不仅要保障父母衣食住行无缺，生老病死有靠，还要给予精神愉悦与心理慰藉。

第三，全面践行：从孝顺自己的父母做起，推及亲人和朋友，乃至社会大众，让孝顺成为普遍的社会公德。

原文：财物轻，怨何生；言语忍，忿自泯。

译文：轻财重义，怨恨就无从生起；言语上包容忍让，愤怒自然消失。

要义解析

古语说："人为财死，鸟为食亡。"如今有些人过度追求物质享受，把财物看得很重要。许多兄弟分家后形同陌路，大多由于对财物分配不均而耿耿于怀，互相计较而萌生怨气。父母健在时，让他们如何安心？

人在世间生存，固然离不开钱财物品，但蔬食布衣，陋室简居，也能度日。若能视富贵如浮云，重义轻利，那么滋润内心的天伦之乐，才是最真实、最耐久的享受。

范例故事

卜式让财

卜式是西汉时期著名的贤士，他对弟弟关怀备至，照顾周到。父母去世后，兄弟俩分家，卜式只要了一百多只羊，把家中的其他财产都给了弟弟。十几年过去了，卜式的羊群繁殖到了上千头，他买了房屋，置办了土地。这时弟弟却因经营不善破产了，卜式毫不犹豫地把自己的财产分了一半给弟弟。卜式的行为感动了所有的人，大家都说他是个重亲情、不爱财的君子。

实践指南

情景小剧场

场景 1：你和朋友因为钱财问题发生了争执，你会怎么处理？

场景 2：你和家人因为分家产问题发生了争执，你会怎么处理？

分组表演，看看哪组的处理方式能更好地避免因钱财产生矛盾。

贴心指引

教养就是细节（一）

1. 别人给你倒水时，记得用手扶一下杯子，以示礼貌。
2. 别人跟你说话，要能接上话，别只一味地“啊啊啊”“是是是”。
3. 有人盯着你看，不要直视对方，假装没注意到。
4. 别人讲话时，要专注聆听，不随意打断。
5. 吃完饭离席时说：“我吃完了，你们慢用。”
6. 给人递水递饭，一定用双手。
7. 坐椅子不要翘起来。
8. 吃饭端好碗，不要在盘子里挑拣，不要拿筷子敲碗。
9. 最后进门，随手关门。
10. 送别时要说：“慢走。”

原文：或饮食，或坐走；长者先，幼者后。

译文：饮食用餐，就座行走，长者优先，幼者在后。

要义解析

现在许多孩子在家里是“小皇帝”或“小公主”，备受宠爱。如果从来没有教导他们尊敬长辈，那他们长大后，哪里会懂得敬老？古言：“宠子不孝。”他们之所以不懂得感恩，就是因为觉得一切都是理所当然的。

不知道要礼让长辈，会误导孩子养成不良习惯，而《弟子规》教导我们，应从小培养礼让的美德。如果和长辈一起吃饭，应请长辈先用；和长辈一起走路，应让长辈先走。

现代社会，在较正规的宴请中，通常会请尊长先动筷子；安排座位时，也会让尊长坐主位。与长辈同行，一般请长辈走在前面，但也要视情况而定，正规场合，如出席会议等要遵循此礼，日常散步或逛商场则不必拘泥。

范例故事

信陵君敬老

信陵君是战国时期四大公子之一，他敬重老人、喜爱贤才。听说看城门的老人侯嬴非常有贤德，就前去请教。他亲自驾车，把车上尊贵的位子空出来留给侯嬴。侯嬴早就听说过信陵君的名声，但为了考验他，在信陵君去接时故意摆出傲慢的样子。然而信陵君对他越发恭敬。侯嬴见状，明白信陵君的敬老是真心的，便欣然成为他的门客。

实践指南

情景模拟：你会怎么做？

假设你和长辈一起吃饭，你会怎么表现？请模拟对话。

你：“爷爷 / 奶奶，您先请坐，我来帮您盛饭。”

贴心指引

教养就是细节（二）

1. 洗了手不要随意甩手，水会甩到他人身上，很不礼貌。
2. 递刀具给别人时，要递刀柄那一端。
3. 不揭别人的短处。
4. 听别人说话的时候，眼神不要游移，否则会显得没礼貌。
5. 倒茶倒水时，壶嘴不要对着人。

6. 站有站相，坐有坐相。

7. 说到就一定要做到，做不到的就不要轻易承诺。

8. 屋里有人时，出门要轻关门。

9. 不要试图以眼泪博取同情。

10. 盛饭或端茶给别人时，如果中间隔了人，不要从别人面前递，要从后面绕过递。

原文：长呼人，即代叫；人不在，己先到。

译文：长者喊人时，要代为呼叫；若所叫的人不在，自己要先代为听从吩咐。

要义解析

现在有的小孩对于长辈的呼唤，常常表现出慢吞吞或不理不睬的态度。如果呼叫的不是自己，更是充耳不闻、毫不关心。从小养成这种怠慢的习惯，长大后会不自觉地表现出来，给别人留下傲慢无礼的坏印象，这是个人品格的大缺失。学校里，老师让学生去找人，往往没有下文，或回答说没看见就一溜烟跑了，更有甚者，会发出疑问："凭什么这件事非要让我去做？"其实，此时学生应该做两件事：一是要告诉老师要找的人不在；二是询问老师有什么可以帮忙做的。

人的能力是在实践中锻炼出来的，锻炼机会越多，能力提升越快。如果从现在开始注意这些细节，步入社会后容易获得周围人的欣赏，进而得到更多支持。

范例故事

杜环敬老

杜环是明朝的一名官员，一次偶然的机会，他认识了一位处境可怜的母亲。她的儿子下落不明，她去找自己的亲戚，结果谁也不愿照顾她。万般无奈，这位母亲只好到处寻找自己的儿子。杜环得知后，决定先赡养这位老妇人，并帮她寻找儿子的下落。后来，这位母亲的儿子虽然找到了，但他没有接走他的母亲，而杜环则一直赡养着这位老妇人，对她很孝敬，就像对自己的母亲一样。

实践指南

情景模拟：你会怎么做？

假设老师让你去找一位同学，但你找不到他，你会怎么处理？请模拟对话。

你："老师，我找不到 ×× 同学，请问还有其他事情我可以帮忙吗？"

贴心指引

教养就是细节（三）

1. 学会聆听。
2. 去别人家里，不要坐在床上。
3. 吃饭的时候尽量不要发出声音。
4. 捡东西或者穿鞋的时候要蹲下，不要弯腰、撅屁股。
5. 别人批评你的时候，即使他说错了，也先别辩驳，等大家都平静下来再解释。
6. 做事情要适可而止，不管是狂吃喜欢的食物，还是闹脾气。
7. 到朋友家吃完饭，要主动帮忙洗碗、清理桌子。
8. 生活中会遇见各式各样的人。你不可能与每个人都合拍，但是有一点四海皆准：你如何对待别人，别人也会如何对待你。
9. 任何时候对任何人，都不要轻易告诉对方你的秘密。
10. 学无止境，不仅要学书本知识，更要学会怎么待人处世。

原文：称尊长，勿呼名；对尊长，勿见能。

译文：称呼尊长，不可以直呼其名。在尊长面前，要谦虚，别夸耀自己很有才干。

要义解析

称呼是重要的礼仪，中国自古以来就很重视。古人的名大都用于自称，极少有人直呼其名。称字的多为长辈或同辈。以张学良为例，他常对人自称"学良"，而他的师友多称呼他的字"汉卿"，有亲切、亲近的意味。随便称呼，不仅长辈会觉得我们无礼，更显出自己的鲁莽无知。

在尊长面前，我们要保持谦虚，不可以夸耀自己很有才干。谦虚不仅是一种美德，更是对尊长的尊重。与“见能”不同，在尊长面前可显示下自己的书法、球技，或学到的本领，这是很好的，而“见能”会给对方以挑衅的感觉。

范例故事

晏婴的车夫

齐国宰相晏婴有位车夫叫吕成，他倚仗主人的权势，非常骄傲自大。有一次，吕成回到家中，妻子表示要离开他。吕成吃惊地问：“我为宰相赶车，多体面啊！不愁吃穿，你为什么要离开我呢？”妻子说：“你还知道自己是个车夫啊，你看晏大人虽然贵为宰相，但从没有像你那样的招摇和炫耀……”听完妻子的批评，吕成很惭愧，从此一改前非。后来在晏子的推荐下，吕成当上了大夫。

实践指南

情景模拟：你会怎么做？

假设你在学校遇到老师，你会怎么称呼他？请模拟对话。

你：“老师好，请问您有什么需要帮忙的吗？”

贴心指引

教养就是细节（四）

1. 最勇敢的事情是认清了生活的真相之后依旧热爱生活。不要害怕欺骗，但要知道世界上存在欺骗。

2. 擦桌子的时候要往自己的方向抹。

3. 打电话、接电话的第一句话一定要是：“喂，您好！”结束通话的时候，对方如果是长辈或者上司，就等对方先挂断电话。如果是晚辈或下属，就主动先挂断电话，别让电话那边的人等。

4. 不随地吐痰、乱扔东西，如果没有垃圾箱，就拎回家扔垃圾桶里。

5. 走路时手不要插在口袋里。

6. 不管什么条件下，仔细刷牙，特别是晚上。

7. 早上一定要吃早餐，不然既伤胃又影响学习。

8. 停车要入位，给别人开车门留好空间，车头向前，方便离开。

9. 如果是弹簧门，不管是拉还是推，请先出后进。如果身后有人，应主动把门扶好，防止门弹回撞到别人。别人为自己开门一定要说谢谢。

10. 有礼貌应该是对所有人，无论是上司、长辈，还是平辈、下属，或者陌生人。

原文：路遇长，疾趋揖；长无言，退恭立。

译文：路上遇见长辈，应恭敬问好；长辈没有说话时，应退后恭敬站立一旁，等待长辈离去。

要义解析

主动热情地向他人尤其是长辈打招呼，既是基本礼仪，也彰显着阳光性格与自信风采。古时人们步行往来，遇见长辈问候是常事；如今虽生活场景改变，交通方式更为多元，但这份礼仪不应被淡忘。校园里，有的学生遇见老师时，会微笑问好；有的学生戴着耳机听歌时见老师走来，还特意双手取下耳机，礼貌致意，令人倍感亲切。但也有部分学生选择躲避或装作没看见，这不仅易造成误会，也让传统礼仪的温度在不经意间流失。

范例故事

张良与黄石公

张良是刘邦的谋士，年轻时非常尊敬长辈。有一天，他在桥上散步，一位白发老人坐在桥头，见张良走过来，故意把脚上的草鞋甩到桥下，然后对张良说：“小伙子，给我把鞋捡上来。”张良有点生气，但见老人年纪大，就照办了。但老人并没有用手接鞋，而是把脚伸过来，张良默默地给老人穿上鞋子，老人笑了。原来，老人是著名的学者黄石公，后来他把神奇的兵书传授给了张良。

实践指南

情景模拟：你会怎么做？

假设你在校园里遇到老师，你主动跟老师打招呼。老师抬头看了你一眼，没说话，又低头专注处理事情。

认真思考，这样的场景你怎么处理？

贴心指引

古人的姓名、字号

今天的中国人大多只有一姓一名，但在古代，人们的姓名远没有这么简单。通常情况下，除了姓和名，还有字、号等。

一般来说，名是留着自称的，对人称自己的名，是一种谦虚与礼貌。据《论语》记载，孔子在学生面前常自称“丘”，可见“圣人”的谦让有礼。称谓对方时，便以称字而为礼貌，绝不能直呼其名。唐朝大诗人杜甫在成都时，曾做严武幕僚。一次醉酒后失言，当着严武的面说：“不谓严挺云乃有此儿！”竟直呼严武父亲的大名严挺云。严武顿时暴跳如雷：“杜审言之孙敢捋虎须乎？”杜审言是杜甫祖父的大名。严武回击又升一级，可见当时称谓要求之严格。

原文： 骑下马，乘下车；过犹待，百步余。

译文： 骑马或乘车时，遇到长辈，应当下马或下车向长辈问候；要等到长辈走出百步后，才可以继续前行，以此展现对长辈的敬重。

要义解析

古代，人们见到尊者或上级时，常用“滚鞍下马”来表达尊敬。即迅速从马鞍上俯身跳下，快步迎上去行礼。核心是让我们心怀恭敬。比如，和长辈一起乘车时，主动帮长辈开车门；进电梯时，按电梯按钮让长辈先走，自己跟在后面。生活中，送别时要目送客人离开。

范例故事

尊师之玄奘

陈玄奘八岁时，父亲为他讲解《孝经》，提道："曾子听老师授课，始终恭恭敬敬地站着，老师让他坐下，他说站着听讲是对老师的尊敬"。父亲讲着，不经意间抬头，发现玄奘已悄悄离开座位，恭立一旁。父亲见状，让他坐下听讲，玄奘认真地说："曾子听老师讲书都站着，我听父亲教诲，怎敢坐着呢？"父亲欣慰不已，夸赞儿子懂得学以致用，断言他将来必有大作为。果不其然，后来玄奘从京城出发，踏上前往天竺取经的征程，最终成为唐代赫赫有名的佛教学者。

实践指南

小组讨论：如何主动与长辈打招呼？

分组讨论，分享你在生活中如何主动与长辈打招呼的经历。例如：你是否曾经主动与长辈打招呼？你认为哪些方式最能表达对长辈的尊敬？

讨论后，每组选一个代表分享结论。

贴心指引

为人处世小常识（一）

1. 气不和时少说话，有言必失；心不顺时莫做事，做事必败。
2. 事莫虚应，应则必办，不办便结怨；愿莫轻许，许愿必还，不还便成债。
3. 万物在说法，看你如何着眼；一切是考验，试你如何用心。
4. 知足是富人，平常是高人，无事是仙人，无心是圣人。
5. 想开了自然微笑，看破了肯定放下。
6. 人为善，福虽未至，祸已远离；人为恶，祸虽未至，福已远离。

原文：长者立，幼勿坐；长者坐，命乃坐。

译文：长者站着，幼者不可坐；待长者坐下后，招呼幼者坐下，幼者才可以坐下。

要义解析

长幼有序的礼节，体现在日常生活的许多方面。例如参加聚会或聚餐时，长者坐下后，后辈再坐，否则，便是不懂礼貌的表现。在大型会议中，大家先到会场坐好，首长进来时，大家全体起立并鼓掌欢迎；会议结束时，全体起立，欢送首长先退场。学生上课，下课铃声响，老师宣布下课后，学生才可起身离开。交通宣传标语中有一条，“宁停三分，不抢一秒”，讲的就是要有礼让之心。

范例故事

张释之敬老

张释之是汉朝著名的大臣，他非常尊重长辈。有一次，朝廷举行朝会，来了许多达官贵人，场面十分热闹。这时有位叫王生的老人对张释之说：“我袜子的带子松开了，给我绑绑吧。”张释之立马蹲下，恭恭敬敬地给老人绑好袜子。张释之身为高官，能敬老尊贤、礼贤下士，群臣无不称赞，他的威信从此更高了。

实践指南

情景小剧场

场景 1：你在教室请教老师问题，老师站着，你会怎么做？

场景 2：你在公共汽车上遇见老人，你会怎么做？

分组表演，看看哪组的处理方式最能让长辈感到被尊敬。

贴心指引

《常礼举要》中对于“出门”的规定

1. 衣冠不求华美，唯须整洁。
2. 见长者，必趋致敬。
3. 登高不呼，不指，不招呼。
4. 路上不吸烟，不嚼食物，不歌唱。
5. 乘车见长者必下，见幼者亦须与之颔首为礼。
6. 夜必归家，因事不能归时，必先告家人。

7. 车马繁杂地区，不招呼敬礼。
8. 不要在路上久谈。
9. 不走马路中间，过马路须先向左右看清，不可与汽车争路。
10. 行走时，步履宜稳重，并宜张胸闭口，目向前视。
11. 遇妇女老弱，应尽先让路让座。
12. 途中有人问路，须详细指示；问路于人，须随即称谢。
13. 一人不入古庙，两人不看深井。
14. 逢桥先下马，过渡莫争船。
15. 在舟车上或飞机上，不探首或伸手出窗，并不得随便吐痰。

原文：尊长前，声要低；低不闻，却非宜。
译文：在尊长面前说话，要低声细气；声音太低而听不清楚，也不合适。

要义解析

在长辈或领导面前，不能大声喧哗，无所顾忌；也不能因紧张而声音太小，这样都会显得不礼貌。许多同学在回答问题时，往往不够大声，总要老师提醒“声音再大一点”。我们从小就要养成言谈举止、落落大方的习惯。无论学生的回答是否正确，老师都要保护、照顾好学生的自尊心，让学生能正常发挥水平，逐渐树立信心。

换一个角度来说，校园是学习的地方，大家都希望在安静的环境中静下心学习。所以要为他人着想，不可毫无顾忌地高谈阔论，以不影响他人为宜。

范例故事

子贡问礼

孔子的弟子子贡，以善于言辞、聪慧机敏著称。一日，子贡陪同孔子前去拜访一位德高望重的长者。入座后，长者询问子贡对时下学问的见解，子贡起身，微微前倾，声音清晰且温和地作答。他条理分明，从不同角度阐述观点，音量把控得恰到好处，既让长者能清楚听见，又不显得喧闹张扬。

交谈过程中，孔子偶尔提出问题，子贡也都谦逊回应，每次开口前稍作停顿思考，避免急切发言。在长者分享过往经历与学识见解时，子贡专注倾听，不时点头表示认同，遇到疑惑之处，便轻声请教，语气充满尊敬。这场会面结束后，长者对孔子称赞道："子贡不仅才学出众，在尊长面前的言行举止更是无可挑剔，日后必成大器。"子贡在尊长面前言谈有礼、声音合宜的做法，也成为孔子众弟子学习的典范。

实践指南

情景模拟：你会怎么做?

假设你在尊长面前说话，你会怎么表达？请模拟对话。

你："老师，我有个问题想请教您，不知道您现在方便吗?"

贴心指引

为人处世小常识（二）

1. 借物及时归还，损坏主动赔偿。
2. 公共场合放低音量，不影响他人。
3. 他人帮忙，真诚道谢；做错事情，及时道歉。
4. 尊重他人的意见和选择，不轻易批评指责。
5. 懂得分享，不独占好处或资源。
6. 学会赞美他人，发现他人的优点。

原文：进必趋，退必迟；问起对，视勿移。

译文：见尊长的时候，动作要敏捷；告别的时候，动作要缓慢。尊长问话，要站起来回答，不可左顾右盼。

要义解析

日常生活中，很多人在无意之中，给人一种误解。如见到长者或领导时，走路很慢，离开时则走得飞快，开会时，许多人总喜欢坐在会场的后面，前三排经常空着。究其原因，只是有些害怕，不知道怎么与长者、领导打交道。

“眼睛是心灵的窗户”，与长辈说话时，我们的视线要略低于长辈的视线，不要随意移动。否则就会给人一种飘忽不定的感觉，还可能被人误解为心虚，甚至心术不正，实在得不偿失。

范例故事

学礼

松阳书院晨钟初响，小童阿晏捧着《礼记》溜进课堂，后襟沾着草籽，发髻歪斜也不自知。

“今日讲‘曲礼’。”山长白须轻颤，忽然点名，“阿晏，何谓‘进必趋，退必迟’？”

阿晏慌忙起身，打翻了砚台，墨汁在衣襟洇出乌云。他盯着窗外飞过的雀儿，支支吾吾：“是……是走路要快？”

山长用戒尺压住他肩膀：“看仔细。”说罢疾步走向东墙，青衫带起松香，又缓缓踱回书案，袍角纹丝不乱。

“进时如追风，退时若挽澜。”山长目光如炬，“‘视勿移’何解？”

阿晏这次正色拱手：“回答师长，当目不斜视。”

窗外细雨如丝，山长忽然发问：“君子修身，何者为要？”

“礼仪三百，威仪三千。”阿晏这次没抬头看梁上燕巢，“全在日用常行间。”他腰身挺直如竹，声音清亮似玉。

山长拊掌而笑，砚中墨香与雨后松香盈满一室。

实践指南

情景模拟：你会怎么做？

假设你在课堂上被老师点名回答问题，你会怎么做？请模拟对话。

你：（站起来，目光注视老师）“老师，我认为这个问题的答案是……”

贴心指引

《常礼举要》中对于“居家”的规定

1. 为人子不晏（晚）起，衣被自己整理，晨昏必定省。

2. 为人子，坐不中席，行不中道。
3. 为人子，出必告，反必面。
4. 长者与物，须两手奉接。
5. 徐行后长，不疾行先长。
6. 长者立不可坐，长者来必起立。
7. 不在长者座前踱来踱去。
8. 立不中门，过门不践门限。
9. 立不一足跛，坐勿展脚如箕，睡眠不仰不伏，右卧如弓。
10. 同桌吃饭，不另备美食独啖。
11. 不挑剔食之美恶。
12. 食时不叹，不训斥子弟。

原文： 事诸父，如事父；事诸兄，如事兄。

译文： 对待他人的父亲，应像自己的父亲一样尊敬；对待他人的兄长，要像自己的兄长一样恭敬。

要义解析

俗语说得好，“一家之计在于和，一生之计在于勤”，“家和万事兴”。孝的本质是爱与敬，这也是一切人际关系和谐的秘诀。看一个人是否有爱心，不妨观察他对待素不相识的老人或是小孩子的态度。人与人相处，贵在恭敬之心。一分恭敬一分利益，十分恭敬十分利益。人们面对有傲慢之心的人，是不会帮助或提携的。

范例故事

妈祖的传说

北宋时，福建女子林默的父亲、哥哥都是船夫。有一次出海，父亲和哥哥的船遇到了海难。经过林默和大家的努力，父亲得救了，但哥哥却再也没有回来。后来，为了避免更多的人遭遇像哥哥那样的悲剧，林默经常冒着危险去救助过往船只。由于操劳过度，林默过早地去世了。后来，人们为了纪念林默，便在沿海地方修建了祠堂，并称她为“海神妈祖”。

实践指南

小组讨论：如何对待亲戚？

分组讨论，分享你在生活中对待亲戚的经历。例如：你曾经是否主动关心过亲戚？你认为哪些方式最能表达对亲戚的尊敬？

讨论后，每组选一名代表分享小组讨论的结果。

贴心指引

我国古代是家族制、宗法制社会，以家族为一个计算单位。一般来讲，要求称呼伯父和叔父（父亲的兄弟）为诸父，对他们要像对自己的父亲一样尊敬。称呼堂兄（伯父、叔父的孩子）为诸兄，要像对自己同胞兄长一样对待他们。

现代社会多为小家庭，孩子的成长环境相对单一，要培养孩子的爱心，不妨引导他们将关怀从身边亲人延伸至他人，让善意超越血缘界限，在更广阔的人际互动中传递。

玩人丧德，
玩物丧志。
——《尚书》

【简析】
以玩弄他人为乐，就会丧失德行；
沉迷于喜爱的事物，就会丧失志向。

第四部分

谨

一切言行要谨慎

谨

少成若天性

习惯如自然

原文： 朝起早，夜眠迟；老易至，惜此时。

译文： 清晨要尽早起床，晚上可稍迟入睡；人生时光易逝，要珍惜此时此刻。

要义解析

“一年之计在于春，一日之计在于晨。”现在不少年轻人难以成功，有两个原因：一是晚上沉迷网络难以自拔，二是早上贪睡无法按时起床。这着实令人担忧。曾国藩曾说：判断一个家庭是否兴盛，就看他的子弟是不是早起。早起的家庭，充满朝气，前景光明；反之，子弟若晚睡晚起，这样的家庭或许缺乏良好家教。

经调查发现，许多学生在寒暑假都起得很晚，九点以前起床还算早的。有道是“黑发不知勤学早，白首方悔读书迟”。孩子在很小的时候，就要好好教导。有句话说得好：“有了好习惯，失败不容易；沾染了坏习惯，成功不容易。”

范例故事

司马光的警枕

司马光是北宋著名的政治家和文学家，后人又称他司马温公。司马光小时候聪明过人，被誉为神童，但他并不骄傲，学习十分勤奋。为了每天能早起读书，他让人用圆木做了一个枕头。用这个枕头睡觉很不舒服，头只要一转动就会滑下来，这样他就会惊醒，随即起来读书。后来，这个枕头被称为“警枕”。司马光凭借勤奋好学，成为学识渊博的人，事业上取得很大成就。“温公警枕”的故事也成为佳话。

实践指南

小组讨论：如何调整作息？

分组讨论，分享你在生活中调整作息的经历。例如：是否曾因作息不规律而迟到？哪些方式有助于调整作息？

讨论后，每组选一名代表分享小组讨论的结果。

贴心指引

昨日歌

昨日兮昨日，
昨日何其少！
昨日过去了，
今日徒烦恼。
世人但知悔昨日，
不觉今日又过了。
水去汩汩流，
花落知多少。
成事立业在今日，
莫待明朝悔今朝！

今日歌

今日复今日，
今日何其少！
今日又不为，
此事何时了？
人生百年几今日，
今日不为真可惜！
若言姑待明朝至，
明朝又有明朝事。
为君聊赋今日诗，
努力请从今日始。

明日歌

明日复明日，明日何其多！
我生待明日，万事成蹉跎。

世人若被明日累，春去秋来老将至。

朝看水东流，暮看日西坠。

百年明日能几何？请君听我明日歌。

原文：晨必盥，兼漱口；便溺回，辄净手。

译文：早晨起床，务必洗脸梳妆、刷牙漱口；大小便后，马上洗手。

要义解析

据调查，好多学生睡前不刷牙、漱口。班主任晚上查寝室时，发现许多学生躺在床上吃东西，而且吃完就睡，大多都不刷牙。

便后洗手，大家都做得不错。在学校公共厕所里，便后不冲水的现象也时有发生。良好的习惯，不是一天两天就能养成的。

范例故事

王安石的故事

王安石是宋朝有名的宰相，不过他有一个很大的缺点，就是不讲究卫生。他不爱洗澡，不爱换洗衣服。有一次，皇帝召见王安石和几位大臣一起商议大事。谈话间，一只虱子从王安石的衣领里爬出来，爬到了他的胡须上。皇帝看后偷偷发笑，可王安石一点也不知道。此事后来成为人们的笑谈。王安石虽是伟大的政治家，但他在仪表方面的糟糕表现，我们切不可效仿。

实践指南

刷牙的科学方法

刷牙的基本目标是清除牙齿表面及牙缝中的食物残渣、菌斑和牙结石，减少口腔内细菌数量，预防龋齿和牙周病。刷牙应遵循“三三制”原则：每天早、中、晚刷牙三次，每次至少三分钟，且要刷到牙齿的唇颊面、舌腭面和咬合面。

贴心指引

洗手的学问

手堪称人体的“外交器官”，人们的诸多日常活动，如劳动、倒垃圾、接触公共物品等，都要用手来完成，这使其极易沾染病原微生物。调查显示，一只没有洗过的手，至少含有 4 万～ 40 万个细菌。指甲缝更是细菌聚居地，可藏 38 亿细菌。流感病毒可在潮湿温暖的手上存活 7 天。特别是传染病患者和病毒携带者会将致病性微生物传播到物品上，健康人接触后若不洗手，就可能“病从口入”。所以要养成勤剪指甲，以及饭前、便后、劳动后洗手的习惯。

洗手可除掉手上的细菌和虫卵，流水洗手可去除 80% 的细菌，用肥皂洗手并以流水冲洗可去除 99% 的细菌。洗手时应注意避免多人同用一盆水，以免交叉感染，且洗手时间应超过 15 秒。

原文：冠必正，纽必结；袜与履，俱紧切。

译文：穿戴要整洁，扣好衣服纽扣；袜子穿平整，鞋带应系紧。

要义解析

“自重而后人重”，注重自身整洁着装，会赢得他人敬重。若蓬头垢面、衣衫不整，会遭人轻慢。

“庄不重则不威”，出门在外衣冠不整，是不尊重自己与他人的失礼表现。现代女性适度化妆，就是一种尊重对方的表现。

我们经常会看到，有人因起床晚、时间匆忙，不仅衣服没穿好，鞋带也没系好，有时甚至袜子颜色也不一样，或是穿反了，让人哂笑。

范例故事

子路的礼仪

孔子的学生子路是一个非常讲究仪表的人。有一年，卫国发生内乱，正在国外的子路听说后，急忙往回赶。有人劝他：“现在卫国十分危险，回去了可能遭受灾祸。”子路说：“拿了国家的俸禄，就不能躲避祸难。”

进城以后，子路竭力帮助国君平叛，但因寡不敌众，被敌人的武士击中，帽子上的缨带也被割断了。子路知道自己难逃一死，立即停止搏斗，说：“君子虽死，不能让帽子脱落失礼。”于是从容地系好帽带赴死。

实践指南

学生形象是学校德育管理的重要内容。你对全校学生整体形象是否满意？存在哪些问题？对自身个人形象，你觉得可以从哪些方面改进？

贴心指引

察言观色巧识人

过去有些大家庭有个规矩：小辈去看望长辈，长辈先不说话，会从上到下打量你一分钟。很多人以为是长辈摆架子，其实这叫望气。长辈借观察举止，判断小辈是否可造就。过去，长辈对小辈、老师对学生、长官对部下多有此做法。最典型的是曾国藩，到他幕府或者手下当官的，他面谈时会盯着人看很久，一两分钟不说话，人的缺点都会暴露。如果在曾国藩面前挠头、抖腿，前途便算完了，因为他认为这样的人不庄重、不堪造就。有人生阅历的人，也可以从一个人的外貌、举止和仪表来预测他的命运。从这个角度来讲，我们不能把相人简单地等同于迷信，它是通过察言观色来识人。

原文：置冠服，有定位；勿乱顿，致污秽。

译文：脱下的衣帽，要放在固定的地方，不要乱丢，以免弄脏弄乱。

要义解析

在古代，衣帽是否干净，穿戴是否整齐，可以反映出一个人的品德和修养。现代社会，有的家庭装修变漂亮了，但家里却更加凌乱，这会明显地影响年轻人。

许多中学生不会自己整理衣物，有的学生看着穿戴整齐，课桌书本却杂乱无章。检查课桌内部，更是乱七八糟。可见，光说不练，平常的养成教育就难见成效。

其实，养成整理物品的习惯，会节省很多时间。许多同学往往就是因找不到要复习的试卷或想找的物品而心浮气躁。

范例故事

张九龄的风度

张九龄是唐朝著名诗人，也是优秀的政治家。张九龄容貌清秀，平时总是衣帽整洁，风度潇洒，与众不同。每逢朝廷重要朝会，在众人中间，他也很显眼，连皇帝都对他的举止赞赏不已。只要张九龄在，气氛就格外愉快，大家都乐意和这位衣帽整洁又有风度的人一起说笑、玩乐、探讨学问。张九龄注重仪表，给他带来了好人缘。

实践指南

小组讨论：如何整理个人物品?

学校寝室卫生，尽管校学生会经常检查，并且纳入班级量化考核，但老师平常抽查时，仍会发现部分寝室凌乱不堪，极个别同学总是不叠被子；就整体而言，女生寝室的卫生要好于男生寝室。在家里，同学们是否能做到每天自己叠被子、整理房间呢？如何整理个人物品？

贴心指引

十种好零食一览表

1. 葵花籽：可以养颜。
2. 花生：可补充多种维生素。
3. 核桃：可美甲。
4. 大枣：预防坏血病。
5. 南瓜子和开心果：适当食用能保障大脑血流量，令人精神抖擞。
6. 奶糖：含糖、钙，适当进食能补充大脑能量。

7. 巧克力：能使人心情愉悦，有助于美容。

8. 芝麻糊：可乌发、润发、养血。

9. 葡萄干：有益气、补血、悦颜之功效。

10. 牛肉干、烤鱼片：富含蛋白质、铁、锌等，适量进食可令人肌肤红润。

选对零食能够补充营养，但吃零食要控制量，要多选择低脂肪、低热量、含维生素 A 类的零食，尽量不吃生产过程中添加色素的。放在办公室的零食，用密封性好的盒子储存为佳。

原文： 衣贵洁，不贵华；上循分，下称家。

译文： 衣服重在整洁，不在于华丽；穿衣服不仅要符合自身身份，还要和家境状况相称。

要义解析

目前许多学校明令禁止学生穿奇装异服，但仍然屡禁不止。有部分学生追求名牌、时尚，否则会觉得自己“掉价”。有的学生不论家庭条件如何，硬要打肿脸充胖子，逼迫父母满足自己的要求，甚至偷拿别人的衣物。其实，这只是一种从众或是虚荣心在作祟，这种做法实在是得不偿失。古语云：“丈夫之高华，只在于功名气节；鄙夫之炫耀，但求诸服饰起居。”

无论是学生还是成年人，穿衣都应该与自己的身份、场合相匹配。过于“装嫩”或是“老成”，都是不得体的。

范例故事

嵇绍的庄重

嵇绍是西晋有名的贤士。一天，他去求见齐王，齐王正和董艾等人在宫中闲聊。董艾对齐王说：“嵇绍善丝竹，今天可让他弹一曲让大伙儿乐乐。”齐王也正有此意，忙命人抬来乐器请嵇绍演奏。嵇绍不愿意，他庄重地说：“我今天穿着整齐的朝服来见您，您怎能让我做乐工的事呢？您是主持政事的君王，更应该讲究礼仪，端正秩序。”齐王和董艾等人听了此话都很惭愧。

实践指南

情景模拟：你会怎么做？

假设你在学校被要求穿校服，但你觉得校服不够时尚，你会怎么处理？请模拟对话。

你可以回答："虽然校服不够时尚，但它是学校的统一要求，我会遵守规定，保持整洁。"

贴心指引

中学生攀比消费情况调查

随着社会的发展和人们生活水平的提高，中学生不良的攀比之风越发盛行，令人担忧。作为中学生，我们有必要对此现象有所了解。

1. 攀比现象的表现形式

一是比吃喝，二是比穿戴，三是比时髦，四是比排场，五是比玩乐。

2. 攀比现象的心理学分析

心理学认为，人的任何行为都有心理基础，攀比也是如此。攀比心理通常以"自我"和"虚荣"为基础，追求"别人有的我要有，别人没有的，时尚的东西我也要有"，以显示"我和你有'公平'的待遇，甚至我比你好"，从而获得心理满足。社会上的攀比之风，必然对学生的心理产生影响。社会上很多演员的作秀，成为学生攀比的"榜样"，于是有的同学将头发染成花色，有的在牛仔裤上挖几个窟窿。所以从众心理在很大程度上是中学生相互攀比的重要原因之一。若不加以正确引导，学生的虚荣心会逐渐膨胀，使心理产生价值偏移，必然导致缺少理性的盲目攀比。

3. 攀比现象对中学生的危害

处于成长阶段的中学生有了更多可自己支配的小权力，而自制能力还很欠缺，容易出现盲目乱花钱、与身边的同学进行攀比的不良现象。

（1）生活攀比会加重父母的经济负担。

（2）衣着攀比影响身体正常发育。

（3）盲目攀比损害健康，甚至荒废学业。

中学生应树立正确的消费观，把握“适度消费”原则：该花的钱，父母不会吝啬；可花可不花的钱，适当节制，把钱花到“刀刃”上；不该花的钱，坚决不花。守住这些原则，就能远离攀比，杜绝不正当消费。

原文：对饮食，勿拣择；食适可，勿过则。

译文：对食物，不要挑食、偏食，适可而止，别吃得太饱。

要义解析

大家都知道，均衡营养才会有健康的身体。随着人们生活水平的提高，选择的余地越来越多，挑食现象也越来越厉害。不仅小孩子，许多大人也是这样，甚至暴饮暴食，身体出现“三高”。许多小孩的挑食源于大人无度溺爱——总是把孩子喜欢吃的菜夹给他，还不停地说“这个最好吃”“这是你最爱吃的”。长期这样灌输，孩子能不挑食吗？

不能因为今天饭菜符合口味就多吃，饭菜不可口、不合心意就少吃。要从小养成定时定量、不挑食的习惯，身体抵抗力才会增强。目前，不少学生缺乏饮食自律，正餐不吃或少吃，平常零食不离手，常以方便面当主食。许多学生小小年纪就患了胃病，着实让人忧心。

范例故事

隔代养育易养出小胖墩

我国存在普遍的隔代养育现象，父母工作忙，爷爷、奶奶、外公、外婆照顾孩子的时间更多。一方面，他们带得比较精心，另一方面，出于对孩子的补偿心理，不仅不控制孩子饮食，还喂得很多。有调查显示，很多超重患者，尤其是20岁以下的，70%都是由隔代亲人带大的。

据了解，目前我国肥胖儿童已经占到肥胖患者人群的25%以上，如果加上超重儿童，总数超过35%。

专家提醒家长，小时候就偏胖，成年后肥胖概率高达75%。脂肪细胞大幅增长有3个阶段：胎儿期至1岁、4～6岁、11～13岁（青春期）。这三个时期如果过于肥胖，脂肪细胞数量增加会比一般人多。所以，我们一定要警惕单纯性肥胖问题。

实践指南

小组讨论：如何养成健康的饮食习惯？

分组讨论，分享你在生活中养成健康饮食习惯的经历。比如：你是否曾经因为挑食而影响健康？你认为哪些方式最有助于养成健康饮食习惯？你每个月的零花钱有多少？

讨论后，每组选一名代表分享小组讨论的结论。

贴心指引

十类不健康零食

1. 果冻：不仅不能补充营养，还会妨碍某些营养素的吸收。

2. 薯片：含有大量脂肪和能量，多吃易导致肥胖、破坏食欲，对皮肤也有不良影响。

3. 爆米花：营养价值尚可，但含较多铅，易损害人的神经系统。

4. 水果糖、棒棒糖：含大量糖分，多吃易引发龋齿、肥胖。

5. 果脯、蜜饯：除大量热能外，几乎没有营养，且含防腐剂。

6. 话梅：含盐量过高，长期大量摄入易诱发高血压。

7. 快餐面：脂肪含量高，营养价值低，多吃不利于饮食平衡。

8. 饼干：属高脂肪、高能量食品，维生素和矿物质含量少，多吃易致肥胖。

9. 泡泡糖、口香糖：营养价值几乎为零，一些产品含大量防腐剂、人工甜味剂等。

10. 膨化小食品：营养尚可，但含大量色素、香精、防腐剂、人工甜味剂等食品添加剂。

原文：年方少，勿饮酒；饮酒醉，最为丑。
译文：少年未成，不可饮酒；酒醉之态，最为丑陋。

要义解析

中国酒文化独特。“无酒不成席”，现代社会酒更成为沟通交流的重要工具。

受这种酒文化影响，极端现象也不少见。像“酒场就是战场，酒瓶就是水平，酒风就是作风”等观念，也影响到中学生，生日或聚会时胡吃海喝、酗酒现象渐多。由此引发疾病，甚至打架斗殴，成为学校管理的一大难题。

成年人中，喝酒失态误事甚至丧命的例子频繁出现。交通法规中对酒驾有严格的处罚规定。其实，饮酒对身体的损伤极大。古语说：“若要断酒法，醒眼看醉人。”与其酒后丑态百出、悔不当初，不如多一份克制之心。

范例故事

醉酒之后

场景：一名男子酒驾被交警拦住，被查的时候醉醺醺的！

交警：“你吹一下。”

男子：“有这个必要吗？你闻不出来吗？嗝……”

交警：“先生，你喝酒了。酒后驾车很危险，这样是不对的，知道吗？”

男子：“我知道啊，怎么啦！嗝……”

交警：“你犯法了，难道你不怕吗？”

男子：“大哥，喝醉了还管什么违法不违法啊……嗝……”

实践指南

情景模拟：你会怎么做？

假设你在聚会上被劝酒，你会怎么处理？请模拟对话。

你：“谢谢你的好意，但我还年轻，不能喝酒。我可以喝点饮料来代替。”

贴心指引

青少年饮酒的危害

现代医学证实，青少年饮酒的危害远超成人。例如：

大脑损伤：青春期大脑前额叶未发育完全，酒精易致记忆力下降、注意力涣散。

成瘾风险：青少年饮酒者成年后酗酒概率是常人的 4 倍。

行为失控：酒精会抑制判断力，易引发暴力、意外伤害甚至犯罪。

原文：步从容，立端正；揖深圆，拜恭敬。

译文：走路时步态要从容，站立时要身子端正；作揖时要深深鞠躬，行礼时要恭敬。

要义解析

“站如松，坐如钟，行如风”，意思是站着要像松树一样挺拔，坐着要像钟一样稳当，走路要像风一样轻快。一个人的姿态不仅反映了他的身体健康状况，还能体现他的气质和修养。比如，身体健康的人通常站得直、坐得稳、走得快；而体弱多病的人往往佝偻着身子，走路慢吞吞的。所以，我们的举手投足之间，都在传递着我们的气场和态度。

古时候的“作揖”和“叩拜”，其实就是现在的鞠躬。这些礼节的核心，就是内心的恭敬。只有内心真正尊重别人，才会自然地表现出深深的鞠躬和谦卑的姿态。鞠躬有三大好处：

（1）提升敬心，学会尊重他人。

（2）克服傲慢的心态。

（3）和谐人际关系，通过恭敬的态度，拉近人与人之间的距离。

要成为一个有修养的人，须先从端正姿态、学会恭敬开始。

范例故事

嵇绍鉴才

嵇绍是“竹林七贤”之一嵇康的儿子。在嵇绍十岁时嵇康被杀害，嵇绍在母亲的严格教育下长大，对母亲非常孝顺。晋武帝听说嵇绍很有才华，便下诏征用他。有位大臣还没见到嵇绍，就问见过他的人：“嵇康的儿子怎么样？”有人回答：“昨天我在人群中一眼就认出了嵇绍，因为他气宇轩昂，像鹤立鸡群一样。”

后来，朝廷认为嵇绍不仅才华横溢，而且非常注重仪表和行为举止，便让他负责选拔人才。果然，嵇绍没有让朝廷失望。当时有个叫戴晞的年轻人，才华横溢，和嵇绍的侄子关系很好。大家都觉得戴晞将来一定大有作为。但嵇绍发现戴晞行为轻浮，不注意场合和仪表，对他人也不够尊重，便认为他不堪大用。果然，戴晞虽然当了官，但不久就因为行为不端被罢免。大家都很佩服嵇绍的洞察力。

实践指南

小组讨论：从姿态看性格

观察身边的同学或老师，讨论以下问题：

哪些人的坐立行走让你觉得他们谦虚、好相处？

哪些人的姿态让你觉得他们傲慢、难以接近？

你觉得姿态和性格之间有什么关系？

贴心指引

《常礼举要》中对于“聚餐”的规定

1. 座有次序，上座必让长者。
2. 入座后不横肱（手臂横在桌子上），不伸足。
3. 主先举杯敬客，客致谢辞。
4. 主人亲自烹调，须向主人礼谢后食。
5. 主人敬酒毕，正客须回敬主人。
6. 举箸匙，必请大家同举。
7. 用箸夹菜，只取向己之一方者，不立起向他角器中取菜。
8. 箸匙不向碗盘顶心取菜取汤。
9. 公食之器，不用己箸翻搅。
10. 匙有余沥必倾尽，方再入公食器中。
11. 自己碗中之肴菜，不可反回公器中。
12. 箸匙所取肴菜，不倍于他人。

13. 食勿响舌，咽勿鸣喉。
14. 公食以不言为原则，须言亦应避免唾沫入公器中。
15. 咳嗽必转身向后。
16. 勿叱狗，不投骨于狗。
17. 碗中不留饭粒。
18. 不对人剔牙齿。
19. 客食未毕，主人不先起。
20. 起席，主逊言慢待，客称谢。
21. 宴毕，主人进巾进茶。

原文：勿践阈，勿跛倚；勿箕踞，勿摇髀。

译文：进出门时，不要踩门槛；站立时要端正，不要斜靠着；不要蹲着或叉开腿坐；坐着时不要抖腿。

要义解析

“践阈”是指过门踩在门槛上，会弄脏进门者的衣服下摆。“跛倚”是一只脚斜站着，给人懒散不敬的印象。“箕踞”是坐着时两脚张得像畚箕，最为难看。“摇髀”是抖腿，显得轻浮不庄重。

以上看似日常生活中简单的行为规范，却能反映一个人的修养和态度，是我们“无形的名片”。平时注意这些细节，不仅能给人留下好印象，还能让自己变得更自信、更有气质。

范例故事

李白脱靴之祸

李白是唐代著名诗人，才华横溢，性格豪放不羁，不拘小节。有一次，李白在宫中喝醉了，竟然伸出脚，让当时权倾朝野的高力士给他脱靴子。高力士虽然心里很不高兴，但碍于李白的名气，只好照做了。不过，这件事让高力士怀恨在心。

后来，李白写了一首诗送给杨贵妃，高力士趁机挑拨，说诗中有侮辱杨贵妃的意思。杨贵妃信以为真，对李白产生了反感。结果，唐玄宗几次想提拔李白，都被杨贵妃阻止了。李白怎么也没想到，一次酒后的行为，竟然影响了自己的仕途。

这个故事告诉我们，生活中的小细节可能会带来意想不到的后果。无论是站、坐、走，还是与人相处，都要注意自己的行为举止，不要因不拘小节而惹来麻烦。

实践指南

互动游戏：姿势大挑战

全班分成几组，每组依次完成以下任务：

1. 正确跨过“虚拟门槛”；
2. 端正站立 1 分钟；
3. 用正确姿势坐好并保持 30 秒；
4. 稳稳坐着，不抖腿。

看看哪组完成得最好！

贴心指引

春秋时期，我国有位伟大的预言家叫单襄公，他擅长观察人。公元前 574 年，鲁成公和晋、宋、卫、曹、邾等国结盟（古人常因共同利益会盟，小诸侯国聚在一起议事，一致对外，相互帮扶）。这时单襄公看到晋厉公，马上就说：“这个人要出事，有灾祸。”旁人说：“晋国是大国，晋厉公看着挺厉害，身体很好，怎么会有灾祸呢？”单襄公说：“晋厉公走路时眼睛望远不望近，脚步抬得高高的，离地太高，心不在焉，这个人迟早要出事。”后来晋厉公果然出事了。

原文：缓揭帘，勿有声；宽转弯，勿触棱。

译文：掀开门帘时要轻，不要发出声音；转弯时要绕大弯，不要碰到棱角。

要义解析

缓揭帘，勿有声：掀开门帘时要轻手轻脚，不要发出声音。例如在教室、宿舍或者家里，掀帘子时“哗啦”一声，可能会吓到别人，或者打扰到正在休息的人。宽转弯，勿触棱：转弯时要绕大弯，不要碰到墙角或家具的棱角。这样不仅能保护自己不被撞到，也能避免碰倒东西或打扰到别人。这些细节看似微不足道，但实际上却能反映一个人的素质和修养。例如，在公共场所推门时，要留意后面是否有人，并随手关门，这些小小的举动，都能让别人感受到你的细心和礼貌。

范例故事

宁喜的轻率

春秋时期，卫国的国君卫献公被赶下台后，一直想重新夺回王位。他找到当时掌握卫国大权的贵族宁喜，请求他帮忙。宁喜当时正在下棋，听到卫献公的请求后，想都没想就答应了。

太叔文子知道这件事后，感叹道：“帮助一个国君复位是大事，宁喜全家九代都是朝廷重臣，他却这么轻率地答应了，实在不够慎重。”果然，卫献公复位后，不仅没有感谢宁喜，反而因为宁喜是前朝重臣，担心他权力太大，最终将宁喜全族诛杀。

这个故事告诉我们，做任何事情都要慎重，尤其是关系到他人或自己的重大决定时，更要三思而后行。就像掀帘子、转弯这样的小事，如果不注意，也可能带来意想不到的后果。

实践指南

互动游戏：安静挑战赛

全班分成几组，每组依次完成以下任务：

1. 轻轻掀开“虚拟门帘”；
2. 绕大弯通过“虚拟转角”；
3. 安静地坐下，不发出任何声音。

看看哪组完成得最好、最安静。

贴心指引

用餐小贴士

席间打嗝非常不礼貌，若无法控制，可以喝水使症状减轻。

打喷嚏时要用餐巾掩口并转向别处。

可以建议别人品尝菜肴，但不要擅作主张，用自己的筷子为别人夹菜。

用餐时要由尊者先动碗筷。

吐出的鱼刺、骨头、菜渣，要用筷子或纸巾接出来，不能直接吐到桌面上。

原文： 执虚器，如执盈；入虚室，如有人。

译文： 拿着空的器具，要像拿着装满东西的器具一样小心；进入空房间，要像进入有人的房间一样谨慎。

要义解析

为什么拿着空杯子、空碗时，也要像拿着装满水或食物的器具一样小心呢？因为很多人觉得“反正里面是空的，摔了也没关系”，结果一不小心就把东西摔坏了。比如，家长让你帮忙拿杯子，如果随手一抓，走路晃晃悠悠，杯子很可能就会掉到地上。但如果像拿着装满水的杯子一样小心，就不会出问题啦。

进入空房间时，为什么要像进入有人的房间一样谨慎呢？因为空房间可能只是“看起来没人”，万一房间里有人或有人突然进来，看到你东张西望、随便翻东西，场面会很尴尬。比如，去朋友家玩，朋友暂时不在房间，如果你随便动朋友的东西，朋友可能会觉得你不尊重他。

范例故事

杨震的“四知堂”

杨震是东汉时期的名士，因为他学问高、品德好，被人称为“关西孔子”。他做官后非常清廉，从不接受贿赂。

杨震调任东莱太守路经昌邑时，昌邑令王密为答谢杨震的知遇推荐之恩，晚上带了十斤黄金送给杨震。杨震坚决不收。王密说：“现在是半夜，没人会知道的。”杨震却严肃地说：“天知，地知，你知，我知，怎么能说没人知道呢？”王密听了非常惭愧，只好带着黄金离开了。后来，杨震的后人为了纪念他的清廉，把家里的堂号命名为“四知堂”。

这个故事告诉我们，做人要自律，即使没人看见，也要坚守原则，做到问心无愧。

实践指南

情景模拟：拿东西的学问

让几位同学分别演示以下动作：

1. 随手拿一个空杯子，晃晃悠悠地走；
2. 像拿着装满水的杯子一样，小心翼翼地走。

其他同学点评哪种方式更安全、更得体。

贴心指引

为人处世小常识（三）

1. 被人误解的时候能微微一笑——素养。
2. 受委屈的时候能坦然一笑——大度。
3. 吃亏的时候能开心一笑——豁达。
4. 危难的时候能泰然一笑——大气。
5. 被轻视的时候能平静一笑——自信。
6. 失恋的时候能轻轻一笑——洒脱。

原文：事勿忙，忙多错；勿畏难，勿轻略。

译文：做事不要慌慌张张，忙中容易出错；不要害怕困难，也不要草率应付。

要义解析

做事的三个重要原则是：不慌、不怕、不草率。

你有没有发现，越是着急做事，越容易出错。例如：考试时因为时间不够，慌慌张张答题，结果把会的题也写错了；赶着完成作业，结果字迹潦草、错误百出。所以，做任何事情都要有条理，先想清楚步骤，再一步一步地来，以免忙中出错。

遇到困难时，不要还没开始就觉得自己不行。例如，老师布置了一个有点难的任务，有的同学会说："这太难了，我肯定做不好！"其实，很多事情并没有想象中那么难，只要你愿意尝试，就会发现"原来我也可以做到"。

不要因为觉得事情简单就随便应付。例如，有的同学觉得作业很简单，就随便写写，结果因为粗心大意，错了很多不该错的地方。所以，无论事情大小，都要认真对待，避免因为忽视而犯错。

范例故事

"黄豆"与"黑豆"

从前，有个叫徐文靖的少年，他非常调皮，经常打架、骂人，同学们都不愿意和他交朋友。后来，他意识到自己的问题，决定改掉坏习惯。为了督促自己，他找来两个小瓷瓶，一个放黄豆，另一个放黑豆。每做一件好事，就往黄豆瓶里放一颗黄豆；每做一件错事，就往黑豆瓶里放一颗黑豆。每隔一段时间，他就把豆子倒出来，看看自己进步了多少。渐渐地，黄豆越来越多，黑豆越来越少。徐文靖不仅改掉了坏习惯，还成了大家喜欢的好孩子。

实践指南

互动游戏：黄豆与黑豆挑战赛

全班分成几组，每组准备两个虚拟瓶子：

每做一件好事（比如帮助同学），就往黄豆瓶里放一颗"豆子"；

每做一件错事（比如上课说话），就往黑豆瓶里放一颗"豆子"。

一周后，看看哪组的黄豆最多、黑豆最少。

贴心指引

认错未必就是输

山上有两座庙，甲庙里的和尚经常吵架，互相敌视，生活痛苦；乙庙里的和尚一团和气，个个笑容满面，生活欢快。

于是，甲庙的方丈好奇地前来请教乙庙的小和尚："你们为什么能让庙里永远保持愉快的气氛呢？"

小和尚回答："由于我们经常做错事。"

甲庙的方丈正感到迷惑时，忽见一名和尚匆匆由外面进来，走进大厅时不慎滑了一跤，正在拖地的和尚立即跑过来，扶起他说："都是我的错，把地擦得太湿了！"

站在大门口的和尚，也随着进来懊恼地说："都是我的错，没告诉你大厅正在擦地。"

被扶起的和尚则愧疚自责地说："不！不！是我的错，都怪我自己太不小心了！"

前来请教的甲庙的方丈看了这一幕，心领神会，他已经知道答案了。

原文： 斗闹场，绝勿近；邪僻事，绝勿问。

译文： 打斗、赌博等不良场所，绝对不要接近；对邪恶的事情，千万不要好奇过问。

要义解析

生活中要远离不良场所和邪恶的事情。斗闹场，绝勿近：比如打架、赌博等场所，不仅危险，还可能让人误入歧途。邪僻事，绝勿问：对不好的事情，不要因为好奇去打听或参与，否则可能会惹上麻烦。

校园里也常有类似情况，比如有人打架或吵架，很多人喜欢围观，结果事情越闹越大。其实，远离这些是非之地，不仅能保护自己，还能避免麻烦。记住：好奇心要用对地方，要远离不良场所和邪恶之事！

范例故事

管宁割席

管宁是三国时期的人，他从小做事认真专注。有一次，他和朋友华歆一起读书，外面突然传来喧闹声，原来是一位大官经过。华歆忍不住跑出去看热闹，而管宁却继续专心读书。华歆回来后，管宁拿出一把刀，把两人共坐的席子割成两半，说："你不再是我的朋友了。"管宁用这种方式告诉华歆，做事要专注，不要被外界的诱惑分散注意力。

实践指南

互动游戏：远离诱惑挑战赛

模拟遇到打架场景，选择离开并报告老师；

模拟遇到赌博场所，选择绕道而行；

模拟听到不良言论时，选择不参与、不传播。

请大家畅所欲言：你曾进入过哪些本不该进入的场所？围观过哪些事件？周围与你一样围观的人有哪些言论？对你有什么影响？

贴心指引

为人处世小常识（四）

1. 发脾气是情绪失控的表现，能不生气才显度量。
2. 脾气、嘴巴不好，心地再好也称不上真正的好人。
3. 得理要饶人，理直要气和。
4. 欣赏别人就是升华自己。原谅别人就是善待自己。
5. 好事要提得起，是非要放得下，成就别人即是成就自己。

原文：将入门，问孰存；将上堂，声必扬。

译文：将要进门时，应先问："有人在吗？"进入客厅前，应先提高声音，让屋里的人知道有人来了。

要义解析

无论是进房间还是客厅，都要先问一声或提高声音，让里面的人知道有人来了，这是进入他人空间时的基本礼仪。如果去别人房间时不敲门，直接闯进去，会让人觉得不舒服。无论是家庭还是社交场合，尊重他人的空间和隐私都很重要。养成敲门的习惯，不仅能避免尴尬，还能体现一个人的修养。正如古人所说："君子坦荡荡，小人长戚戚。"只有尊重别人，才能赢得别人的尊重。

范例故事

程门立雪

杨时是宋朝著名的学者，他非常尊敬老师程颐。有一天，杨时和游酢去拜访程颐，请教问题。到了老师家，发现程颐正在午睡。为了不打扰老师休息，杨时和游酢静静地站在门外等候。天上下起了鹅毛大雪，而且越下越大，等到程颐醒来时，门外的雪已经积了一尺厚。程颐赶紧请他们进屋，并耐心解答了他们的问题。

这个故事告诉我们，尊重他人不仅体现在言语上，更体现在行动中。杨时和游酢的行为不仅是对老师的尊重，也是对自己求学态度的诠释。

实践指南

交流互动

同学们打电话时，有没有让别人猜猜自己是谁？给别人发短信，尤其是给长辈发祝福短信时，有没有认真地写下落款？大家可以交流一下。

贴心指引

为人处世小常识（五）

1. 话多不如话少，话少不如话好。
2. 生气就是拿别人的错误来惩罚自己。
3. 要批评别人时，先想想自己是否完美无缺。
4. 逆境虽可遇不可求，却值得珍惜感恩，因为它才是成长最珍贵的养分。
5. 人世的艰难与折磨，就是一种考验。
6. 为自己找借口的人，很难真正取得进步。

原文：人问谁，对以名；吾与我，不分明。

译文：屋里的人问："是谁呀？"应该回答名字；若回答"是我"，则会让人无法分辨是谁。

要义解析

与人交往时的基本礼仪：明确表达自己，避免让人猜测。有人敲门时，被问到"是谁"，喜欢回答"是我！"，觉得对方应该知道是谁。其实，别人可能真的不知道"我"是谁。现代家庭大多有门铃，按门铃时也要注意礼貌，不能连续按。按一次后，须等一会儿，给屋里的人留时间走过来开门。如果没人回应，可以再按一次，但不要急促地按，不仅刺耳，还显得很不礼貌。

打电话或发短信时也一样。很多人喜欢让别人猜自己是谁，或者发短信时不署名，尤其是发节日祝福短信，不要让别人收到祝福短信后不知道是谁发的。如果能在短信末尾写上自己的名字，会让对方感到特别温馨。

总之，无论是敲门、打电话还是发短信，都要明确表达自己，避免给别人带来困扰。

范例故事

三顾茅庐

三国时期，刘备听说诸葛亮很有才华，便带着关羽和张飞去请他出山辅助自己。第一次去，诸葛亮不在家；第二次去，诸葛亮外出访友了。到了第三次，张飞不耐烦地说："大哥，别去了，让我用绳子把他绑来！"刘备责备张飞无礼，坚持亲自去请。这次，诸葛亮在家睡觉，刘备没有打扰，而是静静地站在一旁等候。诸葛亮醒来后，见刘备如此诚恳，便答应出山，帮助刘备打天下。

这个故事告诉我们，与人交往时，礼貌和诚意非常重要。只有尊重别人，才能赢得别人的尊重和信任。

实践指南

情景模拟：敲门与应答

让几位同学分别演示以下场景：

敲门时回答“是我”；

敲门时清晰地回答自己的名字。

其他同学点评哪种方式更得体，并分享自己的感受。

贴心指引

《常礼举要》中对于“访人”的规定

1. 先立外轻轻叩门，主人让入方入。
2. 入内有他客，主人为介绍，须一一为礼，辞出时亦如之。
3. 入内见有他客，不可久坐；有事，须请主人另至他所述说。
4. 坐谈时见有他客来，即辞出。
5. 坐立必正，不倾听，不哗笑。
6. 不携一切动物上堂。
7. 主人室内之信件文书，概不取看。
8. 谈话应答必顾望。
9. 将上堂，声必扬。
10. 户开亦开，户阖亦阖；有后入者，阖而勿遂。
11. 主人欠伸，或看钟表，即须辞出。
12. 饭及眠时不访客。
13. 晋谒长官尊长，应先鞠躬敬礼，然后就座；及退，亦然。
14. 与长官尊长及妇女行握手礼时，应俟其先行伸手，然后敬谨与握。
15. 访公教人员，必先问明其上班钟点，不可久坐闲谈。
16. 访客不遇，或留片，或写字登留言牌。

原文： 用人物，须明求；倘不问，即为偷。

译文： 借用别人的物品，要当面请求、征得同意；如果没有征得同意就擅自取用，就是偷窃行为。

要义解析

借东西的基本礼仪：借东西要当面说清楚，不能随便拿。现在很多孩子在家里被宠坏了，觉得用父母的东西是天经地义的，甚至不问一声就直接拿。比如，孩子想用父母的手机，父母不给，就去找爷爷奶奶要。久而久之，孩子会觉得“我想要什么就能拿什么”，完全忽略了物品的归属和主人的感受。

在学校里，同学之间借东西也很常见，比如借手机、借生活用品。但有些同学不经别人同意就拿去用，甚至想据为己有。还有些住宿的同学，经常用别人的洗发水、牙膏、拖鞋等，偶尔借用本无大碍，但如果习以为常，很容易引起别人反感。

所以，无论是借东西还是用东西，都要先征得主人的同意，用完要及时归还。

范例故事

县官的智慧

有两个人吵了一天，一人说“三八二十四”，另一人说“三八二十一”，相争不下告到县衙。县官听罢说：“把说三八二十四的那个人拖出去打二十大板！”

被打的那人不满地说：“明明是他蠢，如何打我？”

县官答：“跟说三八二十一的人能吵上一天，还说你不蠢？不打你打谁？”

启示：不要和不讲理的人较劲，毕竟十张嘴也说不过一张胡搅蛮缠的嘴，最后受伤的往往是自己。

实践指南

情景模拟：借东西的礼仪

让几位同学分别演示以下场景：

不经别人同意就拿别人的东西；

先征得别人同意再借用，并及时归还。

其他同学点评哪种行为更得体，并分享自己的感受。

贴心指引

为人处世小常识（六）

1. 屋宽不如心宽。
2. 说好话如口吐莲花，说坏话如舌绽毒刺。
3. 存好心，做好事，说好话，做好人。
4. 心中常有善解、包容、感恩、知足、惜福。
5. “心美”看什么都顺眼。对人要宽心，说话要细心。
6. 一个人的快乐，不是因为他拥有的多，而是因为他计较的少。

原文：借人物，及时还；人借物，有勿悭。
译文：借别人的东西，要及时归还；别人来借东西，如果有就不要吝啬。

要义解析

借东西的两个原则：及时归还和大方出借。俗话说：“有借有还，再借不难；有借无还，再借就难。”现在很多同学借钱或借东西后，常常不按时归还，甚至假装忘记。这种行为不仅会让人对你失去信任，还可能影响你的人际关系，下次别人就不愿意再借给你了。

所以，无论是借东西还是借钱，都要及时归还；别人向你借东西时，如果有也不要吝啬。

范例故事

宋濂借书

明朝的宋濂非常爱读书，但家里穷，买不起书，只能向别人借。有一次，他向一户富人家借书，对方勉强答应了，但要求十天内归还。十天内读完一本书很困难，但宋濂还是答应了。到了第十天，天下着大雪，富人家以为宋濂不会来还书了。没想到，宋濂冒着大雪把书送了回来。主人被他的诚信所感动，告诉他以后可以随时来借书，不再限制时间。

实践指南

情景模拟：借与还

让几位同学分别演示以下场景：

借东西后不还；

借东西后按时归还并表达感谢。

其他同学点评哪种行为更值得学习，并分享自己的感受。

贴心指引

为人处世小常识（七）

1. 要看到他人的好，自己要先做个好人。
2. 并非有钱就是快乐，问心无愧心最安。
3. 太阳光大，父母恩大；君子量大，小人气大。
4. 人要知福，惜福，再造福。

山高自有客行路，
水深自有渡船人。
——《西游记》

【简析】

山再高也总会有客人行走的道路，
水再深也总会有摆渡的人。

第五部分 信

讲信用

信

传家两字，曰读与耕。
兴家两字，曰俭与勤。

原文：凡出言，信为先；诈与妄，奚可焉。

译文：凡是开口说话，要以诚信为先；欺骗和胡说，怎么可以呢？

要义解析

做人要言而有信，不能欺骗或胡说八道。有些学生迟到或旷课，会编出各种理由，像身体不舒服、自行车坏了这类谎言，被识破后，以后说真话也难以被相信。而那些不找借口的学生，往往更受信任。

诚信是让别人认识自己最好的方式。一个人只有做到以诚待人、言而有信，才能真正赢得别人的尊重和认可。所以，无论是答应别人的事，还是日常说话，都要先想想自己能不能做到，做不到就不要轻易承诺。正如《道德经》所说："轻诺必寡信。"轻易许下的诺言，往往难以兑现。生活中要时时警诫自己"凡出言，信为先"，做一个言而有信、值得信赖的人！

范例故事

商鞅徙木立信

商鞅是战国时期的改革家，他辅佐秦孝公进行变法。为了取信于民，他想了一个办法：在国都南门立了一根三丈高的木杆，宣布谁能把它扛到北门，就赏十两黄金。大家觉得这事太简单，怀疑有诈，没人动手。下午，商鞅把赏金提高到五十两黄金。终于有个人把木杆扛到了北门，商鞅立刻兑现了赏金。百姓见商鞅说到做到，对他推行的政策就更加信任和支持，变法因此取得了巨大成功。

实践指南

小组讨论：诚信的力量

分组讨论以下问题：你在生活中有没有遇到过别人失信的情况？你觉得如何做到言而有信？诚信对你的人际关系有什么影响？

贴心指引

为人处世小常识（八）

1. 说话不要有攻击性，不夸己能，不扬人恶，自然能化敌为友。
2. 一个常常挑剔别人的人，自己本身就不够好，因为他没有时间检讨自己。
3. 是非不听自然少，专注自己更重要。
4. 真正在乎一个人，就要学会包容他的小缺点。
5. 生命有终点是自然规律，珍惜眼前的人和事才是最重要的。
6. 人生中藏着很多小惊喜，别被一时的困难困住，再坚持一下就好。

原文： 话说多，不如少；惟其是，勿佞巧。

译文： 话不要说得太多，言多必失；要说得恰当，实事求是，不要花言巧语。

要义解析

现代社会，很多人喜欢滔滔不绝，却忽略了“言多必失”的道理。比如，有些人为了表现自己，夸夸其谈，结果说错话得罪人；有些人用花言巧语讨好别人，却让人觉得虚伪。说话要讲究分寸，尤其是在一些特殊场合。比如，看到病重的人，不能直接说“你病得很重，可能没救了”，让人难受；也不能说“你身体好得很，别躺着了”，不切实际。说话要实事求是，既不夸大，也不隐瞒，更不要为了讨好别人而说假话。

古人说话的智慧：少说多听，实事求是。这同样适用于现代社会，只说真实有用的话，更能让人信赖。

范例故事

诸葛瑾的智慧

诸葛瑾是三国时期孙权的大臣，平时话不多，但每次开口都能说到点子上。有一次，校尉殷模被孙权误解，要被杀头。大家都为殷模求情，只有诸葛瑾一言不发。孙权问他：“子瑜（诸葛瑾的字），你怎么不说话？”诸葛瑾回答：“我和殷模的家乡遭遇战乱，才来投奔陛下。现在殷模不思进取，辜负了您的信任，我还有什么好求情的呢？”短短几句话，孙权就意识到殷模不远千里来投奔自己，即使有过错也应该被原谅，于是赦免了他。

这个故事告诉我们，说话不在多，而在精。只要说到点子上，几句话就能解决问题。

实践指南

小组讨论：言多必失

分组讨论以下问题：你在生活中有没有因为说错话而惹上麻烦的时候？如何理解“话说多，不如少”？如何避免因为说话不当而影响人际关系？

贴心指引

老祖宗留下的敬辞（一）

1. 令：令尊（对方父亲）、令堂（对方母亲）、令兄（对方兄长）、令弟（对方弟弟）、令侄（对方侄子）、令亲（对方亲戚）。

2. 拜：拜读（阅读对方文章）、拜辞（与对方告辞）、拜访（访问对方）、拜服（佩服对方）、拜贺（祝贺对方）、拜识（结识对方）、拜托（托对方办事）、拜望（探望对方）。

3. 奉：奉达（告诉、表达，多用于书信）、奉复（回复，多用于书信）、奉告（告诉）、奉还（归还）、奉陪（陪伴、陪同做某事）、奉劝（劝告）、奉送（赠送）、奉迎（迎接）、奉托（拜托）。

4. 惠：惠存（请保存，多用于送人画作、书籍等时所题上款）、惠临（对方到自己这里来）、惠顾（光临，多用于商店对顾客）、惠允（对方允许自己做某事）、惠赠（对方赠予财物等）。

5. 恭：恭贺（恭敬地祝贺）、恭候（恭敬地等候）、恭请（恭敬地邀请）、恭迎（恭敬地迎接）、恭喜（祝贺对方的喜事）。

原文：奸巧语，秽污词；市井气，切戒之。

译文：奸诈取巧的语言、肮脏污秽的词句、粗俗鄙陋的习气，都要彻底戒除。

要义解析

要注重说话和行为的修养，戒除不良言语和习气。俗话说："利刀割体痕易合，恶语伤人恨难消。"刀子割伤的伤口容易愈合，但恶语伤人的伤害却可能让人记恨一辈子。比如，有些人喜欢说尖酸刻薄的话，或者满口脏话，甚至觉得这样很"酷"。其实，这不仅会伤害别人，还会让自己显得粗俗无礼。

作为学生，应该展现青春阳光的气质，而不是满口脏话或粗俗庸鄙。只有戒除这些不良言语和习气，才能赢得别人的尊重和喜爱。

范例故事

陈太丘与友期行

陈太丘与友人约定正午一同出行。友人过了正午仍未到，太丘便先行离去。不久后友人才到，见太丘年仅七岁的儿子陈元方正在门外嬉戏，便问："令尊在吗？"元方答道："父亲等您许久，您未到，他已离开了。"

友人闻言发怒道："真不是君子啊！与人约定同行，却丢下别人独自离去！"元方神色庄重地回应："您与我父亲约定正午相见，正午已过您却未到，这是不守信用；对着人家的儿子责骂其父亲，这是不懂礼节。"友人听后深感惭愧，便向元方致歉。元方却转身走入家门，没有回头。

实践指南

小组讨论：戒除不良习气

分组讨论以下问题：你在生活中有没有遇到过说话粗俗或势利眼的人？应如何戒除不良言语和习气？如何培养真诚、得体的说话方式？

贴心指引

"溜须拍马"的来历

宋朝有个宰相叫寇准，是个大文豪，他有个学生叫丁谓。有一次贵为宰相的寇准请自己的学生来吃饭。古代的成年男子往往胡子都很长，吃着吃着寇准的胡子上不小心粘了饭粒，但是他自己不知道。坐在旁边的门生丁谓看见了，就赶紧跑过去，帮老师把饭粒拿下来，然后把老师的胡须又仔仔细细地捋一遍，捋得特别整齐。这个就叫溜须，上去替老师拿下饭粒没错，之后还溜须就做过头了。

什么叫拍马呢？元朝时，当官的一般都骑一匹好马。按照那时蒙古族的习俗，你去夸这个主人，一定要顺便夸夸他的马："哎呀，您这匹马真漂亮，长得好，是匹骏马。"但拍马的时候，一般不能拍马头，只能"啪、啪"地拍马屁股。所以路上一见面就"啪"地一声拍着马夸对方的马。这个就叫拍马。

"溜须"和"拍马"组合在一起，用来形容对他人阿谀奉承、讨好的行为，成为"奸巧"的代名词。

原文：见未真，勿轻言；知未的，勿轻传。

译文：没有得知真相之前，不要轻易发表意见；不知道真相的传言，不可随便传播。

要义解析

对待信息和言论，应做到：不轻易发表意见，不传播未经证实的消息。

《战国策》里有个"三人成虎"的故事：一个人说街上有老虎，没人信；两个人说，人们开始怀疑；三个人说，大家就信以为真。其实，街上怎么可能有老虎呢？这说明，谣言传得多了，就会让人信以为真。在现实生活中，我们常常听到各种传言，比如同学之间的矛盾、老师的私事，以及一些社会新闻。如果不清楚真相就随便发表意见，或者随便传播这些消息，可能会伤害别人，甚至引发更大的矛盾。

所以，无论是说话还是听别人说话，都要保持冷静和理性。不要轻易下结论，更不要随便传播未经证实的消息。记住：言多必失，沉默是金。做一个理性、冷静的人！

范例故事

直不疑面对谣言

直不疑是西汉时期的一位官员，他为人忠厚，深受百姓爱戴。但有些人嫉妒他，就散布谣言说："直不疑虽然长得帅，但品行不端，和他嫂子有不正当关系。"这话传开后，很多人信以为真。直不疑听到后，平静地说："这完全是胡说，我根本没有哥哥，哪来的嫂子？"谣言很快就不攻自破。这个故事告诉我们，面对谣言时，最好的办法是用事实说话，而不是急着辩解。

实践指南

互动游戏：谣言终结者挑战赛

全班分成几组，每组依次完成以下任务：

模拟听到谣言时，先核实真相；

模拟面对谣言时，选择不传播；

分享一个自己理性对待谣言的经历。

看看哪组完成得最好，最懂得"谣言止于智者"。

贴心指引

老祖宗留下的敬辞（二）

1."垂"：垂爱（称对方对自己的爱护，多用于书信）、垂青（称别人对自己的重视）、垂问（称别人对自己的询问）、垂询（称别人对自己的询问）、垂念（称别人对自己的关心挂念）。

2."贵"：贵干（问人要做什么）、贵庚（问人年龄）、贵姓（问人姓氏）、贵恙（称对方的病）、贵子（称对方的儿子，含祝福之意）、贵国（称对方国家）、贵校（称对方学校）。

3."高"：高见（高明的见解）、高就（指人离开原来的职位就任较高的职位）、高龄（称老人的年龄，多指七八十岁）、高寿（用于问老人的年龄）、高足（称呼别人的学生）、高论（称对方发表的言论）。

4."大"：大伯（可尊称年长的男子）、大哥（尊称与自己年龄相仿的男子）、大人（称长辈，多用于书信）、大驾（称对方）、大师（尊称和尚）、大名（称对方的名字）、大庆（称老年人的寿辰）、大作（称对方的著作）、大札（称对方的书信）。

5."敬"：敬告（告诉）、敬贺（祝贺）、敬候（等候）、敬礼（表示恭敬，用于书信结尾）、敬请（请）。

原文： 事非宜，勿轻诺；苟轻诺，进退错。

译文： 不适宜的事不能轻易允诺别人，假如不经考虑就答应了，会使自己进退两难。

要义解析

要慎重对待承诺，不要轻易答应别人，尤其是自己做不到的事。生活中，很多人为了面子或一时冲动，轻易答应别人的请求，结果发现自己根本做不到，最后陷入进退两难的尴尬境地。比如，朋友找你帮忙，你明明没时间或没能力，却不好意思拒绝，结果耽误了别人的事，也让自己很为难。所以，在答应别人之前，一定要先想想：这件事适合我做吗？我有能力完成吗？如果答案是否定的，就要学会拒绝。拒绝并不是冷漠，而是对自己和他人负责。如果答应了，就一定要尽力做到，这样才能赢得别人的信任和尊重。要做一个懂得承诺、善于拒绝的人！

范例故事

食言而肥

春秋时期，鲁国大夫孟武伯经常说话不算数，鲁哀公对他很不满。有一次宴会上，孟武伯借着敬酒的机会，嘲笑一位叫郭重的大臣："你怎么这么胖啊？"

鲁哀公听了很不高兴，替郭重回答："吃多了'言'，能不胖吗？"这句话是在讽刺孟武伯总是"食言而肥"，说话不算数。孟武伯顿时面红耳赤，感到非常难堪。这个故事告诉我们，轻易许诺却不兑现，不仅会失去别人的信任，还会让自己陷入尴尬的境地。

实践指南

情景模拟：承诺与拒绝

几位同学分别演示以下场景：

轻易答应别人，结果做不到；

先考虑清楚，再决定是否答应。

其他同学点评哪种行为更值得学习，并分享自己的感受。

贴心指引

拒绝别人“六不要”

1. 不要立刻拒绝：立刻拒绝，会让人觉得你是一个冷漠无情的人，甚至觉得你对他有成见。

2. 不要轻易拒绝：有时候轻易拒绝别人，会失去许多帮助别人、获得友谊的机会。

3. 不要盛怒下拒绝：盛怒之下拒绝别人，容易在语言上伤害别人，让人觉得你缺乏同理心。

4. 不要随便拒绝：太随便拒绝，别人会觉得你并不重视他，产生反感。

5. 不要无情地拒绝：无情地拒绝表现为表情冷漠，语气严峻，毫无通融的余地，会令人难堪，甚至反目成仇。

6. 不要傲慢地拒绝：一个盛气凌人、态度傲慢的人，谁也不会喜欢。以傲慢的态度拒绝别人，既伤人心，又失风度。

原文： 凡道字，重且舒；勿急疾，勿模糊。

译文： 说话时吐字要清晰，语气要舒缓；不要说得太快，也不要含糊不清。

要义解析

说话讲究技巧，应吐字清晰、语速适中。语言是人与人沟通的桥梁，如果说话含糊不清或语速太快，别人可能听不懂，甚至闹出笑话。比如，课堂上回答问题时，如果知道答案，就看着老师，清晰地说出来；如果不知道，也可以大方地说：“对不起，这个问题我不会。”而不是含糊其词或赌气地说“不知道”。说话不仅是一种能力，也是一种修养。吐字清晰、语速适中的人，往往更容易赢得别人的好感和信任。所以，无论是课堂发言还是日常交流，都要注意说话的清晰度和节奏感。记住：把话说清楚，比说得多更重要。要做一个说话清晰、谈吐优雅的人！

范例故事

裴秀的谈吐

裴秀是西晋时期的大臣，从小勤奋好学，特别注重言谈举止。他出生在一个贵族家庭，家里经常有客人来访。每次宴请客人时，母亲都会让他端饭送菜，服侍客人。

裴秀非常珍惜这些机会，总是言语虔诚、举止有礼，借机和客人交谈。客人们见他虚心懂礼，都很喜欢他。久而久之，裴秀因为优雅的谈吐而声名远扬。

这个故事告诉我们，良好的谈吐不仅能赢得别人的好感，还能为自己赢得更多的机会。

实践指南

小组讨论：说话的技巧

分组讨论以下问题：在生活中，你有没有因为说话不清晰而闹出过笑话？如何提高说话的清晰度和节奏感？如何在不同场合调整自己的语速和语气？

贴心指引

如何拒绝他人？

为帮助大家在学习生活中合理拒绝他人，既守护自身边界，又维护良好关系，特整理以下 6 个要点。

1. 明确立场不拖延

接到请求后，先判断是否符合自己的时间、能力或意愿。若无法接受，直接表明态度，不模糊回应或拖延。比如同学喊你翘课去打球时，可以说："我下午有技能实操课，必须参加，没法陪你去。"

2. 理由真实不编造

拒绝时简洁说明原因，不用过度解释，但要保证真实。例如室友让你代做实训报告时，你可以这样回应："老师要求必须自己完成，我帮你做就是害你啦。"

3. 先谢后拒显尊重

先肯定对方的信任，再说明无法帮忙。比如同学找你抄作业时，你可以说："谢谢你认为我作业做得好，但抄作业不对哦，我不能帮你这个忙。"

4. 替代方案巧帮忙

若不能直接答应，可提供其他建议。比如同学请你帮忙修电脑但你不会时，你可以对他说："我不太懂修电脑，不过隔壁班的李同学是编程社团的，他可能能帮你。"

5. 语气坚定又温和

态度要明确，语气别生硬。比如你的社团活动和实训冲突有时间冲突时，你可以对社长说："我知道社团活动很重要，但实训我必须参加，这次只能请假啦。"

6. 轻松场景用幽默

在非正式场合，可用幽默化解尴尬。比如朋友总让你带早餐却从不给你钱时，你可以对他说："再让我带早餐，我的钱包就要变瘦啦，下次记得先'投喂'它哦。"

原文：彼说长，此说短；不关己，莫闲管。

译文：不要当面说别人的长处、背后议论别人的短处；与自己无关的事，不要多管闲事。

要义解析

生活中，总有人喜欢说长道短，当面夸人，背后却议论别人的缺点。这种行为不仅会伤害别人，还会显得自己心胸狭窄。正如《增广贤文》中所说："来说是非者，便是是非人。"那些喜欢搬弄是非的人，往往自己就是是非的源头。其实，大多数人都知道议论别人不好，但总是忍不住去说。结果，不仅会让自己陷入是非之中，还可能影响人际关系。所以，与其花时间议论别人，不如专注于自己的事情。记住：耳根清净，心才能安定。

范例故事

董仲舒的专注

董仲舒是汉朝著名的学者，他为了专心学习，整天待在书房里。吃的、穿的也不像别人那么讲究。经过不懈努力，董仲舒成为中国古代著名的思想家。他的成功，离不开他专心学习、不为杂事所累的精神。直到今天，他的这种专注精神仍然值得我们学习。

实践指南

小组讨论：是非与成长

分组讨论以下问题：你在生活中有没有因为议论别人而惹上麻烦？如何避免陷入是非之中？如何培养专注力，不被杂事干扰？

贴心指引

《常礼举要》中对于“对众”的规定

1. 他人正谈话，不在中间插言。
2. 两人对谈，不向中间穿走。
3. 不高声喧哗扰乱他人视听。
4. 不横坐，不横腿，不扪脚。
5. 不隔席谈话。
6. 坐不掀起椅凳之后方。
7. 衣帽不加于他人之衣帽上。
8. 不向人喷水吐痰。
9. 不向人呵欠，舒伸，喷嚏。

原文：见人善，即思齐；纵去远，以渐跻。

译文：看见别人的善行，就要想到自己也应该努力做到；即使差距很大，只要努力，也能逐渐赶上。

要义解析

生活中，我们常常会遇到比自己优秀的人。比如，有的同学学习认真，成绩优异；有的同学乐于助人，深受大家喜爱。看到这些，我们应该想到：“我也要像他们一样！”而不是“反正我做不到，干脆放弃”。古语说：“君子上比，所以广德；下比，所以狭行。”意思是，向上比较能让自己进步，向下比较只会让自己退步。比如，如果你总是和那些迟到、旷课的同学比，就会觉得自己还不错，结果对自己的要求越来越低。但如果你以优秀的同学为目标，努力追赶，即使一时达不到，也会让自己不断进步，成为一个不断进步、追求卓越的人！

所以，选择一个好的榜样，努力向他看齐，是让自己变得更好的重要方法。

范例故事

曾子的反思

曾子是孔子的学生，非常注重道德修养。每天晚上睡觉前，他都会反思自己一天的行为：今天做了哪些有意义的事？有没有做错什么？帮别人做事是否尽心尽力？学习的内容是否掌握了？正是这种勤于反思、不断改进的精神，让曾子成为孔子的得意门生，也赢得了大家的尊敬。

实践指南

角色扮演：反思与改进

设计几个场景，比如：每天晚上反思自己一天的行为，找出不足并改进；看到别人的优点，努力学习和追赶。

让同学们分组表演，看看谁能做到“见人善，即思齐”。

贴心指引

老祖宗留下的敬辞（三）

1. “请”：请问（请求对方回答问题）、请进（请对方进来）。

2. “屈”：屈驾（委屈大驾，多用于邀请人）、屈就（委屈就任，多用于请人担任职务）、屈居（委屈地处于较低的地位）、屈尊（降低身份俯就）。

3. “光”：光顾（称客人来到，多用于商家欢迎顾客）、光临（称宾客到来）。

4. “俯”：俯察（称对方或上级对自己理解）、俯就（用于请对方同意担任职务）、俯念（称对方或上级体念）、俯允（称对方或上级允许）。

5. “华”：华诞（称对方生日）、华堂（称对方的房屋）、华翰（称对方的书信）、华宗（称对方同族或同姓者）。

见人恶，即内省；有则改，无加警。

看见别人的恶习，要立刻自我反省；如果自己也有这个毛病，就要马上改掉；如果没有，也要时刻警惕，避免染上这种恶习。

要义解析

有则改之，无则加勉。我们常常容易看到别人的缺点，却很难发现自己的问题。比如，看到同学迟到、旷课，我们会批评他们，但很少反思自己是否也有类似问题。其实，别人的缺点就像一面镜子，能照出我们自己的不足。古语说："见贤思齐焉，见不贤而内自省也。"意思是，看到别人的优点要学习，看到别人的缺点要反省。只有这样，才能不断改进自己，避免犯同样的错误。

所以，与其批评别人，不如自我反省。记住：别人的恶习是我们的警钟，提醒我们不要犯同样的错误。

范例故事

魏照的榜样

东汉末年，有位叫郭泰的文人，学问高深，为人谦和。他有个叫魏照的学生，不仅常来听他讲课，还把行李搬来，整天和他住在一起。郭泰很奇怪，问他为什么不回家。魏照说："找到传授知识的老师很容易，但找到教我做人的老师却很难。我天天和您在一起，是想学习您待人接物的高尚品格。"郭泰很感动，尽心竭力地教他。后来，魏照不仅学识渊博，还成为一个品德高尚的人。

实践指南

小组讨论：镜子与成长

分组讨论以下问题：你在生活中有没有因为看到别人的缺点而反省自己？如何通过别人的缺点来改进自己？如何避免因为批评别人而忽略自我反省？

贴心指引

《常礼举要》中对于“处世”的规定

1. 无道人之短，无说己之长。
2. 家庭之事，不可向外人言。
3. 口为祸福之门，话要经一番考虑再说。
4. 见失意人，不说得意语；见老年人，不说衰丧话。
5. 交浅不可言深，绝交不出恶声。
6. 不侮辱人，不向人开玩笑。
7. 与残疾人会面，须格外恭敬。
8. 于肩挑小贩苦力，莫讨便宜。
9. 施恩求忘，受恩必报；开罪于人须求解，开罪于我应加恕。
10. 善人自当亲近，须要久敬；恶人自当敬而远之。
11. 遇事要镇静，做不到的事，莫妄逞能。
12. 李下不整冠，瓜田不纳履。
13. 凡事要合理智，不可偏重感情。
14. 己所不欲，勿施于人。
15. 凡求教他人的事，必须造门请问。

原文：惟德学，惟才艺；不如人，当自励。

译文：如果自己的品德、学问、才能、技艺不如别人，应当努力争取赶上。

要义解析

面对自己的不足，要看到差距，努力追赶。古人讲的“八德”——孝、悌、忠、信、礼、义、廉、耻，至今仍有重要意义。比如“耻”，当我们犯错被批评时，感到脸红或不自在，说明我们还有羞耻心；如果犯错后毫无感觉，那就是“不知耻”了。羞耻心是进步的动力。“才艺”则是一个人的综合素质，比如音乐、体育、美术等方面的能力。作为学生，如果给你一个舞台，你能展示自己的才华吗？如果不能，就要加倍努力，向别人学习。俗话说“三百六十行，行行出状元”，只要肯努力，每个人都能找到自己的闪光点。所以，当发现自己不如别人时，不要灰心，更不要嫉妒，而是要努力追赶，让自己变得更好，成为一个不断进步、追求卓越的人！

范例故事

孙敬悬梁

孙敬是东汉时期著名的学者，年轻时便立志钻研儒学，但他深知自己并非天资超群，在记忆力和领悟力上常觉不如其他同窗。每当看到其他同学轻松背诵典籍、论辩时引经据典，孙敬虽不气馁，却暗下决心，一定要努力做到。

为了克服自己容易困倦、精力不集中的问题，孙敬想出了一个极端却很有效的办法：他将自己的头发用绳子牢牢地系在屋梁上，每当深夜读书困倦低头时，绳子便会拉扯头皮，疼痛感瞬间让他清醒，随后他就能重新专注于书本了。无论寒冬酷暑，他始终坚持这一习惯，常常读到鸡鸣天晓才稍作休息，被称为“闭户先生”。

在日复一日的苦读中，孙敬不仅逐渐弥补了记忆力的不足，更在儒学经典的钻研上日益深入。他对《诗经》《尚书》的注解精准深刻，对儒家伦理的阐释条理清晰，最终以渊博的学识和严谨的治学态度闻名于世。后来，他收徒讲学，将自己“以勤补拙、自励精进”的理念传递给弟子，其著作和学说对东汉儒学的发展产生了重要影响。

实践指南

情景模拟：面对差距

让几位同学分别演示以下场景：

场景一：发现自己不如别人时，选择嫉妒或放弃；

场景二：发现自己不如别人时，选择努力追赶。

其他同学点评哪种行为更值得学习，并分享自己的感受。

贴心指引

取经

一头马、一头驴听说唐僧要去西天取经，驴觉得此行困难重重，便放弃了；

而马却立刻追随而去，经历九九八十一难，取回真经。

驴问："兄弟，是不是很辛苦啊？"马说："其实在我去西天这段时间，您走的路一点也不比我少，而且还被蒙住眼睛，被人抽打。我是怕混日子更累。"

感悟：真正的累，来自内心的无知与迷茫。

原文：若衣服，若饮食；不如人，勿生戚。

译文：如果自己的衣服、饮食不如别人，不要因此攀比或生气。

要义解析

要正确看待物质生活：不攀比，不虚荣。"爱美之心，人皆有之"，但过分追求外在的物质享受，往往会让人迷失自我。比如，有些同学为了穿名牌、吃大餐，甚至不惜借钱或偷窃，结果不仅让自己陷入困境，还可能触犯法律。其实，真正的美并不在于外表，而在于内心的修养和品德。比如，全国道德模范谭之平，虽然家境贫寒，但她通过自己的努力，不仅改变了命运，还帮助了更多人。

所以，与其把时间花在攀比上，不如专注于提升自己，使自己成为一个自信、知足的人！衣服和饮食只是外在，内心的富足才是真正的财富。

范例故事

阮咸晒衣

阮咸是晋朝著名的文学家，虽然家境贫寒，但他从不自卑。当时有个风俗，每年七月初七，大家会把家里的衣物拿出来晾晒，防止被虫蛀。这一天，富人们纷纷晒出贵重衣物，互相炫耀。阮咸也把自己的旧衣服拿出来晒，引来很多人围观。但他一点也不在意，反而笑着说："未能免俗，聊复尔耳。"富贵不是资本，贫寒也不是耻辱，人活着的关键在于品德和学识。

实践指南

小组讨论：物质与精神

分组讨论以下问题：

你在生活中有没有因为物质不如别人而感到有压力？

你觉得应如何平衡物质追求和精神追求？

如何培养正确的消费观？

贴心指引

自助餐里的答案

某大型企业招聘一名后勤部部长，经过一番海选，笔试、面试之后，筛选出十个人。公司把这十个人同时请到公司，主考官与大家闲聊了一会，就请大家一起吃饭。饭后主考官宣布面试结束，后勤部长的人选已经确定。谁也没有想到最后一场考试居然是吃饭，而且是吃自助餐，入选的后勤部长就是那个吃多少取多少，连最后一点汤汁都倒到粥里喝掉的人。

原文：闻过怒，闻誉乐；损友来，益友却。

译文：听到别人指出自己的过错就生气，听到别人夸奖自己就高兴，这样只会招来坏朋友，而好朋友则会离你而去。

要义解析

对待别人的批评和赞美，应虚心接受批评，理性看待赞美。《论语》中说：“益者三友，损者三友。”意思是：好朋友有三种，即正直的朋友、宽容的朋友和博学的朋友；坏朋友也有三种，即阿谀奉承的朋友、两面三刀的朋友和花言巧语的朋友。

生活中，很多人听到批评就生气，听到赞美就高兴，结果身边聚集的都是些只会说好话的“损友”，而那些真正为你好的“益友”却渐渐远离。比如，有的同学犯错被老师批评时，不仅不反省，反而觉得老师在故意找茬；听到别人夸自己时，就沾沾自喜，甚至得意忘形。所以，要结交“益友”，远离“损友”，做一个虚心、理性的人！

范例故事

宋璟识才

唐朝武则天时期，有个大臣叫宋璟，以刚正不阿著称。有一次，有人推荐给他一篇文章，说作者很有才华。宋璟爱才，立刻读了起来。文章确实写得不错，宋璟边读边赞叹。但读到后面，发现文中对他大加吹捧，这让宋璟非常生气。他对推荐的人说：“这个人虽然文采不错，但品行不端，不能重用。”

真正的朋友不会一味讨好你，而是会指出你的不足，帮助你进步。

实践指南

小组讨论：益友和损友

分组讨论以下问题：

你在生活中有没有遇到过“损友”或“益友”？

你觉得如何区分“益友”和“损友”？

如何培养虚心接受批评的态度？

贴心指引

老祖宗留下的敬辞（四）

1. “老”：老伯、老爹（可尊称老年男子）、老前辈（尊称同行里年纪较大、资格较老、经验较丰富的人）、老总（尊称拥有总工程师、总经理、总编辑等头衔的人）。

2. “叨”：叨光（沾光，多用于受到好处表示感谢）、叨教（领教，多用于受到指教表示感谢）、叨扰（打扰，多用于受到款待表示感谢）。

3. “雅”：雅教（称对方的指教）、雅意（称对方的情意或意见）、雅正（把自己的诗文书画等送给人时请对方指教）。

4. “玉”：玉体（称对方的身体）、玉音（尊称对方的书信、言辞，多用于书信）、玉照（称对方的照片）、玉成（成全）。

5. “芳”：芳邻（称对方的邻居）、芳龄（称对方的年龄，多用于年轻女子）、芳名（称对方的名字，多用于年轻女子）。

原文：闻誉恐，闻过欣；直谅士，渐相亲。

译文：听到赞美的话感到不安，听到别人指出自己的过错欣然接受，这样正直的朋友就会渐渐和你亲近。

要义解析

对待赞美和批评应谦虚面对赞美，欣然接受批评。人无完人，犯错是难免的。如果有人愿意指出你的错误，你应该感激他，因为他帮你避免了更大的错误。比如，有的同学被老师批评时，不仅不生气，反而觉得：“老师还愿意批评我，说明他关心我。”这种态度不仅能让老师更愿意帮助你，还能让你不断进步。

无论是赞美还是批评，都要以平常心对待，努力成为一个谦虚、进步的人！

范例故事

咸阳宫前的抉择

秦朝末年，刘邦率军攻入咸阳，推翻了秦朝的统治。进入秦宫后，刘邦看到宫殿富丽堂皇，美女珠宝无数，心里非常羡慕，想全部据为己有。大将樊哙劝他不要这样做，刘邦很不高兴。谋士张良对他说：“秦王之所以失去天下，就是因为穷奢极欲。您现在刚入秦宫就想享乐，岂不是重蹈覆辙？樊哙的话是忠言啊！”刘邦听后深受触动，采纳了樊哙的建议。

这个故事告诉我们：欣然接受批评，才能避免犯错，赢得更多支持。

实践指南

互动游戏：批评与赞美挑战赛

全班分成几组，每组依次完成以下任务：

模拟面对批评时，选择欣然接受；

模拟面对赞美时，选择谦虚回应；

分享一个自己因为接受批评而进步的经历。

看看哪组完成得最好，最懂得“闻誉恐，闻过欣”。

贴心指引

批评你的人是你生命中的贵人

人人都爱听肯定、表扬的话，不爱听批评的话，所以才有“忠言逆耳利于行”的古训。对你负责任的人才会批评你，认为你“孺子可教”的人才会批评你，真心待你的人才会批评你，愿意操心劳力教你带你帮你进步的人才会批评你……所以，一旦有人批评你，你一定要珍惜。批评你的人是你生命中的贵人！

原文：无心非，名为错；有心非，名为恶。

译文：无意中做了坏事，这叫“错”；故意做坏事，这叫“恶”。

要义解析

如何区分“错”与“恶”：看动机，分轻重。“人非圣贤，孰能无过？”每个人都会犯错，但犯错的性质不同。如果是无意中做了坏事，比如不小心打碎了别人的杯子，这叫“错”；如果是故意做坏事，比如偷别人的东西，这叫“恶”。

我们要学会区分无心之过和有意之恶，同时也要明白，无论是“错”还是“恶”，都要勇于承认并改正，成为一个勇于承担责任、不断进步的人！

记住：犯错不可怕，可怕的是明知故犯，甚至犯错成为习惯。只有及时改正过错，才能不断进步。

范例故事

曹操割发代首

三国时期，曹操率军出征前，严令将士不得毁坏麦田，违者斩首。行军途中，一群鸟突然从麦田中飞出，曹操的战马受惊，冲进麦田，踩坏了一大片麦子。曹操对行军主簿说："我违反了军令，应按军法定罪。"但主簿认为曹操作为主帅不能治罪，于是曹操用剑割下自己的头发，代替砍头。将士们深受感动，更加严格遵守军纪。

这个故事告诉我们，无论是无心之过还是有意之恶，都要勇于承担责任，及时改正。

实践指南

小组讨论：犯错与改正

分组讨论以下问题：

你在生活中有没有因为犯错而感到后悔？

你觉得如何区分"错"与"恶"？

如何培养勇于承认错误并改正的习惯？

贴心指引

三个金人

曾经有个小国的使者到中国来，进贡了三个一模一样的金人，金碧辉煌，把皇帝高兴坏了。可是这个小国不厚道，出了一道题目：这三个金人哪个最有价值？

皇帝请来珠宝匠检查，称重量，看做工，都是一模一样的。怎么办？最后，一位退位的老臣说他有办法。

皇帝将使者请到大殿，老臣胸有成竹地拿着三根稻草，插入第一个金人的耳朵里，这稻草从另一边耳朵出来了。第二个金人的稻草从嘴巴里直接掉出来，而第三个金人，稻草进去后掉进了肚子，什么响动也没有。老臣说：第三个金人最有价值！使者默默无语，答案正确。

启示：最有价值的人，不一定是最能说的人。善于倾听，才是成熟的人最基本的素质。

原文： 过能改，归于无；倘掩饰，增一辜。

译文： 知错能改，错误就会消失；如果掩饰过错，就是错上加错。

要义解析

知错能改，善莫大焉。知错就改，不要掩饰。俗话说：“放下屠刀，立地成佛。”意思是，只要愿意改过，坏人也能变成好人。但在现实生活中，很多人犯错后，不仅不承认，反而用更多的错误去掩盖，结果让自己陷入更大的麻烦。

比如，有的同学在课堂上犯错，老师让他站起来说一句“对不起”，他可能会觉得丢脸，甚至找借口掩饰。其实，大方承认错误并改正，不仅能让自己心里轻松，还能获得别人的谅解。相反，如果掩饰错误，只会让人觉得你不诚实，甚至错上加错。

范例故事

周处除三害

周处是西晋时期的人，年轻时凭借力气大、武艺高，成为地方一霸。人们背地里把他和河里的蛟龙、山上的猛虎并称为“三害”。有一天，周处为了表现自己的侠义，上山打死了猛虎，又下河与蛟龙搏斗。最后，蛟龙被杀死，周处也受了重伤。乡亲们以为周处也死了，纷纷拍手称快，庆祝“三害”都被除掉。

周处这才意识到自己以前作恶太多，于是决心改过自新。后来，他成为一位受人尊敬的官员。

这个故事告诉我们，知错能改，不仅能获得别人的原谅，还能让自己重新开始。

实践指南

小组讨论：错误与成长

分组讨论以下问题：

你在生活中有没有因为掩饰错误而惹上更大的麻烦？

你觉得应如何培养勇于承认错误的习惯？

如何从错误中吸取教训，不断进步？

贴心指引

老祖宗留下的敬辞（五）

1. “贤”：贤弟（称自己的弟弟或比自己年龄小的男子）、贤侄（称侄子）。

2. “赐”：赐教（指别人指教自己）、赐膳（指别人用饭食招待自己）、赐复（请别人给自己答复）。

3. “候”：候光（敬候光临，多用于请帖）、候教（敬候指教）。

4. “台”：台端（称对方，多用于机关、团体等给个人的函件）、台甫（旧时用于问人的表字）、台驾（旧时称对方）、台鉴（旧时书信套语，用在开头的称呼之后，表示请对方看信）。

心如欲壑，
后土难填。
——《国语》

【简析】
人的内心如果像深不见底的沟壑一样充满欲望，那么即使是广袤的大地也难以填满。

第六部分 泛爱众

和大众相处时要平等博爱

泛爱众

心高气傲

博学无益

原文：凡是人，皆须爱；天同覆，地同载。

译文：无论什么人，我们都要关怀爱护，因为我们共同生活在同一片天空下、同一片土地上。

要义解析

如何对待他人：心怀大爱，平等关怀。天地无私，覆盖和承载着万物，不分好坏、贫富、种族。我们作为人，也应该像天地一样，用一颗仁慈的心去对待每一个人。无论是对同学、老师，还是陌生人，都应该给予尊重和关爱。

生活中，我们常常会因为别人的某些行为而感到不满，甚至讨厌他们。其实，这种情绪往往是因为自己的修养不够。正如有人所说："看别人不顺眼，是自己修养不够。"

所以，与其抱怨别人，不如学会包容和理解，努力做一个心怀大爱、关怀他人的人！

记住：每个人都值得被爱，因为我们共同生活在这个世界上。

范例故事

善念胜于恐惧

孙叔敖是春秋时期楚国的政治家。小时候，他在村外玩耍时，发现了一条两头蛇。当时人们认为，见到两头蛇的人会倒霉甚至死去。孙叔敖刚想躲开，突然想到："如果我留着这条蛇，别人见到也会倒霉。"于是，他鼓起勇气，把蛇砸死并深埋了。回到家后，他哭着把这件事告诉母亲。母亲笑着说："孩子，你不会死的，因为在危险时还想着别人的人，总会被善意回报。"

这个故事告诉我们，心怀仁爱、为他人着想的人，不仅会赢得别人的尊重，还会收获意想不到的善意。

实践指南

小组讨论：爱与包容

分组讨论以下问题：

你在生活中有没有因为讨厌某人而感到困扰？

你觉得应如何培养理解和包容他人的心态？

如何用行动表达对别人的关怀？

贴心指引

看法

父子二人经过五星级饭店门口，看到一辆豪华的轿车。

儿子不屑地对他的父亲说：坐这种车的人，肚子里一定没有学问！

父亲则轻描淡写地回答：说这种话的人，口袋里一定没有钱。

启示：你对事情的看法，是不是也反映出你内心真正的态度？

原文：行高者，名自高；人所重，非貌高。

译文：品德高尚的人，名声自然高远；人们所敬重的，并不是一个人的外貌。

要义解析

在日常生活里，我们时常能听到“男神”“女神”这类称呼。以校园为例，有些同学凭借出众的外貌，收获众多人的追捧。然而，外表的亮丽往往如过眼云烟，难以长久维系。以体育界为例，在2014年巴西世界杯D组第二轮英格兰对阵乌拉圭的比赛中，此前因伤缺席首轮赛事的苏亚雷斯大放异彩，表现出色，助力乌拉圭队以2∶1战胜英格兰队，一时间，他声名鹊起，被尊称为“苏神”。但好景不长，在后续乌拉圭与意大利的比赛中，他却因咬人事件，遭到国际足联的禁赛处罚。一夜之间，“苏神”形象崩塌，沦为众人吐槽的“苏牙”。

这一事件深刻地揭示了一个道理：唯有具备良好的品德修养，才能真正提升个人的名声与威望。人们发自内心的敬重，绝非源自权势的压制，而是源于他人内在的高尚品质。颜回曾盛赞孔子“仰之弥高，钻之弥坚”，便是这种由衷敬仰的生动体现。所以，想要赢得他人的尊重，关键在于不断提升自身的内在修养。

范例故事

用实力改写看法

有个叫阿明的同学，他长相普通，平时也不爱说话。学校组织演讲比赛，代表班级参赛的人选一时定不下来。阿明主动报名，同学们都小声议论，觉得他形象一般，恐怕难有好表现。比赛那天，阿明站在台上，虽然有点紧张，但讲得条理清晰、内容真挚，分享了自己在中职学校中克服困难、努力学习技能的经历。他的演讲打动了评委和观众，最终获得了一等奖。从那以后，同学们对阿明刮目相看，不再只看他的外表，而是真正认可了他的能力和努力。就像晏子出使楚国的故事：晏子身材矮小，楚王想羞辱他，在城墙下开了个小门。晏子不卑不亢地说：“如果我访问的是狗国，我就从这儿进。今天我访问的是楚国，不适合从此门进。”楚国人只好打开城门。见到晏子，楚王又故意刁难道：“齐国没人了吗？咋派你来了？”晏子巧妙地回应：“我国派人出访有规矩，上等国派上等人去，我最不中用，所以派我来楚国了。”楚王听后，对晏子肃然起敬。

可见，外表不能决定一切，内在实力和品德才是赢得尊重的关键。

实践指南

小组讨论：偶像的力量

分组讨论以下问题：

你的偶像是谁？他有哪些品德值得你学习？

你觉得外貌和品德哪个更重要？为什么？

如何通过提升品德来赢得别人的尊重？

贴心指引

伟大是熬出来的

为什么一个老板再难，也不会轻言放弃，而一个员工做得不顺心就想逃走？为什么一对夫妻有再大的矛盾，也不会轻易离婚，而一对情侣常为一些很小的事就分开了。说到底，你在一件事、一段关系上投入多少，决定你能承受多大的压力，能取得多大的成功，能坚守多长时间。伟大都是熬出来的。为什么用熬？因为普通人承受不了的委屈你得承受；普通人需要别人理解、安慰、鼓励，但你没有；普通人用对抗、消极、指责来发泄情绪，但你必须看到爱和光，在任何事情上学会转化消化；普通人在脆弱的时候需要一个肩膀靠一靠，而你就是别人的依靠。孝庄对康熙说：大清国最大的危机不是外面的千军万马，最大的危难，在你自己的内心。

原文：才大者，望自大；人所服，非言大。

译文：才华出众的人，声望自然高远；人们所佩服的，是有真才实学的人，而不是夸夸其谈的人。

要义解析

那些真正有才能的人，不用喧哗叫嚷，声名自会远播。大家真心佩服的是腹有才华、有真本事的人，而非只会吹牛、说大话之辈。好比在学校社团里，有的同学组织活动、解决难题很有一套，哪怕平时不爱出风头，大家也认可他、听他的。但要是有人整天吹嘘自己多厉害，一做事就掉链子，肯定没人服他。真正让人敬重的，是实实在在的才能和良好的品德修养。如果你当了班干部，要靠本事服众，不能靠吼、靠压人，不然根本管不住大家。

记住：人们佩服的是你的能力，而非大话。

范例故事

吹嘘的代价

王昭远是五代时期后蜀的统帅，平时骄傲自大，总以诸葛亮自比。他常吹嘘："只要我手握铁如意，坐着太平车，就能指挥大军，一统天下。"964 年，北宋派大军攻打后蜀。王昭远率军抵抗，但由于指挥失当，后蜀军队一败涂地，他也成了宋军的俘虏。王昭远自比诸葛亮的大话，最终成了历史笑柄。

这个故事告诉我们，真正的能力不靠吹嘘，要靠实际行动证明。

实践指南

小组讨论：佩服与能力

分组讨论以下问题：

你在生活中有没有遇到过让你心服口服的人？

你觉得应如何通过实际行动赢得别人的佩服？

如何避免成为只会说大话的人？

贴心指引

教养和文化是两回事

教养和文化是两回事，有的人有文化，但没教养。有的人没有高的学历和学识，但有教养，很有分寸。教养一部分源于天生素质，更多地靠一点一滴积累。

一个人的涵养，看心浮气躁时，而非心平气和时；一个人的理性，看众声喧哗时，而非风平浪静时；一个人的慈悲，看人微言轻时，而非居高临下时；情侣间的尊重，看观点相左时，而非闲情逸致时；夫妻间的恩爱，看大难临头时，而非花前月下时。

原文：己有能，勿自私；人所能，勿轻訾。

译文：自己有才能，不要自私自利；别人有才能，不要轻易诋毁。

要义解析

正确对待自己和他人的才能：不吝啬分享，不嫉妒他人。这里的“能”，往大了说，涵盖才能与财富。当我们凭自身智慧与能力有机会帮助他人时，一定要大方地施展才华。比如你擅长数学，同学解题遇到困难，别藏思路，主动分享。人际交往中，自傲自满最败人缘，这类人难以融入集体，难以收获真心朋友。大家都反感“笑人无，恨人有”的行为，考得比同学高就轻视对方，考得差就嫉妒，这都不对。我们得尊重每个人的闪光点，哪怕只是同学善于整理笔记，能把学习资料收拾得井井有条，这也是值得肯定的长处。

所以，无论是自己有能力，还是别人有才能，都要以平常心对待。

记住：分享才能赢得尊重，嫉妒只会让自己孤立。努力让自己成为一个懂得分享、尊重他人的人！

范例故事

内举不避亲，外举不避仇

春秋时期，晋国的大夫祁奚，为人正直，品德高尚，深受人们的尊敬。

有一次，晋国的国君晋平公问祁奚："南阳这个地方没有长官，你看谁可以去担任这个职务呢？"祁奚毫不犹豫地回答说："解狐可以。"晋平公听了很惊讶，因为解狐是祁奚的仇人。晋平公就问祁奚："解狐不是你的仇人吗？你为什么要举荐他呢？"祁奚回答说："您问的是谁可以担任南阳的长官，并没有问谁是我的仇人呀。我认为解狐有能力胜任这个职位，所以我举荐他。"于是，晋平公任命解狐为南阳的长官。解狐到任后，果然不负众望，把南阳治理得井井有条。

后来，祁奚年纪大了，准备告老还乡。晋平公问他："谁可以接替你担任中军尉这个职务呢？"祁奚回答说："祁午可以。"晋平公感到很奇怪，说："祁午不是你的儿子吗？你举荐自己的儿子，不怕别人说你偏心吗？"祁奚说："您问的是谁能胜任中军尉这个职务，而不是问我的儿子是谁。我觉得祁午有能力担任这个职务，所以才举荐他。"

晋平公听从了祁奚的建议，任命祁午为中军尉。祁午上任后，表现得非常出色，为晋国做出了重要贡献。

实践指南

小组讨论：才能与尊重

分组讨论以下问题：

你在生活中有没有因为嫉妒别人而感到困扰？

你觉得如何正确对待自己和他人的才能？

如何培养分享和尊重他人的习惯？

贴心指引

"厚德载物"原来是这个意思（一）

"厚德载物"之一：口德

得饶人处且饶人。

1. 直话：可以转个弯说；

2. 冷冰冰的话：可以“加热了”再说；

3. 批评人的话：一对一地说，要顾及别人的自尊。

“厚德载物”之二：掌德

赞美别人，学会鼓掌。

1. 每个人都需要来自他人的掌声；

2. 为他人喝彩是每个人的责任；

3. 不懂鼓掌的人，人生太狭隘；

4. 一赞值千金；

5. 给别人掌声，其实也是给自己掌声。

原文： 勿谄富，勿骄贫；勿厌故，勿喜新。

译文： 不要谄媚富人，不要轻视穷人；不要厌弃旧友，不要贪恋新交。

要义解析

正确对待财富和人际关系：不谄媚、不傲慢、不厌旧、不贪新。如今物质条件变好，可不少同学并没有感觉到快乐。若能做到“勿谄富，勿骄贫”，烦恼能少些，快乐多些。拥有善良之心，就不会巴结有钱人，也不会看不起家境普通的同学。人生境遇多变，今天顺遂，明天可能遇困；此刻艰难，未来也可能柳暗花明。

生活里，很多人念旧。念旧的人，往往心怀感恩，值得结交。对待朋友，别喜新厌旧，老朋友相处久了，一起经历风雨，这份情谊格外珍贵。

范例故事

严光守志

严光是汉代著名的隐士，年轻时与刘秀是好友。后来刘秀成为皇帝，没有忘记严光，派人四处寻找他。刘秀将严光请到皇宫，热情招待，并希望他出山为官，但严光拒绝了。刘秀并没有生气，反而尊重他的选择，两人晚上还促膝长谈，甚至同榻而眠。

刘秀贵为皇帝，却不因地位变化而忘记旧友，这种品质值得我们学习。

实践指南

小组讨论：新旧朋友

分组讨论以下问题：

你在生活中有没有因为喜新厌旧而伤害过旧友？

你觉得如何平衡新旧朋友之间的关系？

贴心指引

“厚德载物”原来是这个意思（二）

“厚德载物”之三：面德

不给面子是最大的无礼。

1. 中国人最讲究“面子”；
2. 任何时候，给对方留个体面的台阶；
3. 看破别说破，面子上好过；
4. 伤什么，别伤人面子；
5. 千万不要揭人老底。

“厚德载物”之四：信任德

生性多疑的人不可能有真朋友。

1. 被人信任是一种幸福；
2. 有多少信任，就有多少成功的机会；
3. 疑人不交，交人不疑。

原文：人不闲，勿事搅；人不安，勿话扰。

译文：别人忙碌时，不要打扰他；别人情绪不安时，不要用言语干扰他。

要义解析

尊重他人的时间和情绪：不打扰，不干扰。

在校园生活中，看到同学正忙着赶作业、准备社团活动，或者专注做一件事时，别拿其他事添乱，使其本就忙碌的状态“雪上加霜”。和亲朋好友联系时，时间选择也很关键。比如吃饭、休息的时间，别贸然打电话。即便确需联系，开口应先询问：“您现在方便吗？”别拨通就自顾自喋喋不休。要知道，对方即便事务缠身，出于礼节往往也不好直接回绝。

以校园中与老师沟通为例，老师日常多繁忙。有些同学很懂礼貌，联系老师时会先问：“老师，您现在有空吗？”若问题复杂，老师会另约时间让同学再联系。这样既不耽误老师工作，也不影响交流，彰显人际交往中的礼节。

谨记：尊重别人的时间和情绪，是人际交往的基本礼仪。

范例故事

时机不当的苦果

三国时期，魏明帝最疼爱的女儿离世，他决定亲自送丧。大臣杨阜劝谏说：“过去先王和太后崩逝，您都没有送丧，现在为女儿送丧，不合礼法。”杨阜的话虽然有理，但魏明帝当时悲痛欲绝，根本听不进去。杨阜却反复进言，惹怒了魏明帝，被赶出朝堂。

这个故事告诉我们，说话要看时机，尤其是在别人情绪不稳定时，更要懂得适可而止。

实践指南

情景模拟：尊重他人

让几位同学分别演示以下场景：

看到别人忙碌时，选择打扰；

看到别人忙碌时，选择等待或离开。

其他同学点评哪种行为更得体，并分享自己的感受。

贴心指引

“厚德载物”原来是这个意思（三）

“厚德载物”之五：方便德

与人方便，自己方便。

1. 请主动坐里面的座位；
2. 在他人最需要的时候轻轻扶一把；
3. 为对方着想，也是替自己打算。

“厚德载物”之六：礼节德

有“礼”走遍天下。

1. 彬彬有礼，方能魅力四射；
2. 礼多人不怪；
3. 送礼送到人心里。

原文：人有短，切莫揭；人有私，切莫说。

译文：他人有不足之处，切不可揭露宣扬；别人有隐私，绝对不能四处传播。

要义解析

这里的“短”有两种：一种是外在的不足，像有的同学身材不够高挑，或者长相不算出众。若你对人家说，“哎呀，你啥都好，就是长得不够漂亮”，或者“你身材比例不太协调”，这就是在揭人短处，要知道，人无完人，每个人都有自己的特点，不能评判外在的不足。另一种是别人不当的行为。这里说的不揭短，是指不在公开场合大肆宣扬别人的错误。若私下里善意提醒，帮助对方改正，则不算揭短。

“人有私，切莫说”，这里的“私”就是隐私。生活中，我们可能会知晓朋友一些过去的痛苦经历，比如曾经考试失利、家庭的小矛盾等，这些都要替朋友保密，绝不能到处乱说。随意传播他人隐私，是不道德的行为，会给别人带来很大伤害。

范例故事

温和处世

在学生会里，负责组织活动的小张正紧锣密鼓地筹备校园文化节。由于经验不足，安排节目流程时出现小失误。另一位学生会成员小李，发现问题后没有在公开场合指责小张，而是私下找到小张，耐心地指出问题，并和他一起重新规划流程。最终，校园文化节顺利举办，十分成功。小张对小李的帮助心怀感激，两人的关系也更加融洽。

这如同东汉时期的刘宽，作为当时的重臣，他以宽厚待人著称。有一次，他的夫人想试探他的脾气，在他穿好朝服准备上朝时，故意让侍女端来一碗鸡汤。侍女在刘宽面前佯装失手，鸡汤洒在了他的朝服上。侍女吓得赶紧擦拭，低着头准备挨骂。可刘宽不仅没有生气，反而关心地询问："你的手烫伤了没？"侍女十分感动，夫人也对刘宽的涵养钦佩不已。刘宽这种温和的性情、宽宏的气度，赢得了众人的尊敬。

实践指南

情景模拟

情景一：班里有位同学英语口语不太好，在英语课上发言时出现错误，课后有同学在教室里大声模仿，嘲笑这位同学。

情景二：宿舍里，有同学发现室友的一个小秘密，在其他室友面前大肆宣扬。

安排两组同学分别模拟这两个情景，结束后大家讨论被嘲笑和被泄露秘密的同学的感受，得出正确的处理方式。

贴心指引

"厚德载物"原来是这个意思（四）

"厚德载物"之七：谦让德

锋芒毕露者，处处树暗敌。

1. 切忌锋芒毕露；

2. 放下身段，谦以待人；

3. 勿在失意者面前谈论你的得意；

4. 人前勿张狂，人后别得意，为人应低调。

“厚德载物”之八：理解德

人人都渴望得到他人的认可。

1. 理解，就是给人方便；

2. 理解一般人不能理解的事；

3. 换位思考，替别人着想。

原文：道人善，即是善；人知之，愈思勉。

译文：称赞他人所行的善事，本身就是一种善举。对方得知自己的善举被夸赞，就会受到鼓舞，进而更加积极主动地去行善。

要义解析

《中庸》里讲“隐恶而扬善”，意思是对他人的缺点和错误，不要到处宣扬，而对于他人的优点和善行，一定要大力表扬与宣扬。夸赞别人做好事，这本身就是在做善事。比如，有一天你在公园里散步，看到一个小朋友不小心摔倒了，疼得直哭。这时，一位路过的热心人跑过去，轻轻扶起小朋友，还仔细查看他有没有受伤，温柔地安慰他。你虽然没有直接帮忙，但事后你跟身边的朋友、家人讲述这位热心人的暖心举动，把他乐于助人的善举传播开来，就是在践行“道人善，即是善”。那位热心人知道自己的行为被大家称赞，心里肯定特别高兴，以后再遇到类似的情况，会更积极主动地伸出援手。原本可能只是一次偶然的善举，因为你的宣扬，变成对方持续做好事的动力，这不就是大家一起推动社会变得更美好的体现吗？

范例故事

贺李忘年交

唐朝贺知章是个大名鼎鼎的诗人，他性格豪爽，说话风趣幽默，很多达官显贵和有才能的人都非常仰慕他，愿意跟他交朋友。贺知章特别爱惜人才，尤其是对那些刚踏入文坛的新人，总是热心扶持帮助。当时，李白只是个初出茅庐的年轻诗人，没什么名气。有一次，贺知章偶然读到了李白写的《蜀道难》，瞬间被李白的才华震撼，赞不绝口，还称李白是“谪仙”（被贬到人间的神仙）。后来两人见了面，虽然年龄相差四十多岁，但是特别投缘，成了忘年之交。从那以后，贺知章到处跟别人推荐李白的诗，在他的大力宣传下，李白的名声越来越大，最后成了人人敬仰的“诗仙”。贺知章夸赞李白的才华，推荐李白的作品，就是在践行“道人善”，也正是因为他的宣扬，让李白创作出更多优秀的诗篇。

实践指南

善举大发现

提前准备一些卡片，上面分别写着不同的生活场景，像商场、学校、街道、小区等。每组同学轮流抽取卡片，抽到卡片后，要在规定的时间内，尽可能多地说出在这个场景下可能出现的善行，以及如何把这些善行宣扬出去。哪个小组说出的善行最多，而且宣扬的方式合理有效，哪个小组获胜。这个游戏旨在引导大家更敏锐地发现生活中的善举，并把这些善举传递给更多人。

贴心指引

“厚德载物”原来是这个意思（五）

“厚德载物”之九：尊重德

把别人的自尊放在第一位。

1. 努力使人感受到被尊重；

2. 给弱者的尊重更可贵；

3. 真正的强者，往往谦逊平和，不显张扬；

4. 地位越高，越不可轻视别人。

“厚德载物”之十：帮助德

关键时刻，谁都希望有人拉一把。

1. 无私，胜过有私；

2. 你的善意，别人会铭记。

原文： 扬人恶，即是恶；疾之甚，祸且作。

译文： 四处宣扬他人的恶劣行为，本身就是一种恶劣之举；过度地指责他人，极有可能给自己惹来灾祸。

要义解析

当面阿谀奉承的话，有见识的人听了也未必会欢喜。可背后议论别人，被议论的人一旦知晓，往往记恨很久。若我们到处散播别人的过错，当事人知道后，心里肯定不好受。那些背后的难听话，像尖刺一样扎进对方心里，可能让其一直想要报复。这种凭意气行事的做法不可取，宣扬别人恶行易给自己树敌。要明白，朋友再多都不嫌多，树一个敌人，就能带来数不清的麻烦。所以，我们应当心怀善良，尽量避免与人发生冲突。

若对他人善行视而不见，却对一点小过错大肆传播，这不仅损害自身福报，更会影响团体乃至社会风气。试想，若人人都不宣扬善举，只热衷传播恶事，社会必然陷入无尽纷争，矛盾频发。我们的一言一行，都在潜移默化影响社会风气，不当言行的过错，不只关乎个人，还可能给社会带来负面效应。所以，说话务必格外谨慎。

范例故事

勇而无谋致祸

汉朝有位将军灌夫，作战英勇无畏，对世间恶行极为痛恨。不过，他性格太过直爽，说话从不考虑场合和方式方法。这个缺点让他得罪了不少人，他和丞相的矛盾尤为突出。有一回，丞相家中举办婚宴，灌夫在宴会上因为敬酒和丞相起了争执。盛怒之下，他把丞相平日里的不良行为一股脑地说了出来，结果导致婚宴场面大乱，大家不欢而散。丞相是皇上的舅父，哪能咽下这口气？最终灌夫被逮捕，后来丢了性命。

实践指南

互动游戏：优点大搜集

每位同学准备一张纸条，在上面写下自己的名字，将所有纸条收集起来打乱顺序，再分发给大家。拿到纸条的同学，需要在规定时间内，至少写出纸条上所写同学的三个优点，然后进行分享。这个游戏旨在引导大家多去关注他人的优点，减少对他人缺点的过度关注与随意宣扬。

贴心指引

“厚德载物”原来是这个意思（六）

“厚德载物”之十一：诚信德

无信不立，狡诈者必无朋友。

1. 诚信为本，重诺守信；
2. 诚信深入人心，成功接踵而至；
3. 失去诚信，百事皆难行；
4. 任何理由都无法解释自己的失信。

“厚德载物”之十二：实惠德

空头支票，万万开不得。

1. 许之以利，晓之以理；
2. 不以利益大小亲疏朋友；
3. 在合理范围内，尽可能满足对方需求。

原文：善相劝，德皆建；过不规，道两亏。

译文：友善地相互劝勉，双方的品德都会得到提升。知道别人有过错却不加以规劝，双方在道德修养上都会有所缺失。

要义解析

人际交往中，看到朋友犯错，我们通常都会想着劝一劝；夫妻间，发现对方有不当之处，也会忍不住提醒；父母看到子女有不对的地方，更会进行教导。这里所说的“善相劝”，“善”字很关键。现实中，很多人不愿意接受他人的规劝，原因有两点：其一，规劝者的态度、语气太过强硬，听起来像是指责，让人难以接受；其二，被劝的人觉得对方这么说自己，偏不愿意改正。所以“善”意味着要有恰当的方法。

日常生活中，关系亲密的人也常发生争执，为什么会这样呢？往往是因为一方说话的语气不好，让另一方心里不舒服，规劝时没有把握好时机。时机不对，就会让对方陷入尴尬境地，伤害到他们的自尊心。大家都很看重自尊和面子。所以，劝勉他人时，先考虑对方的接受程度，再尽力给予帮助和规劝。态度强硬、高高在上地劝人，不但难以达到目的，还可能结下仇怨，让对方心生怨恨，觉得丢了面子。

范例故事

规过之交

南北朝时期，崔瞻与李概是至交好友，常聚在一起谈天说地、吟诗唱和，互相促进。一旦察觉到对方的缺点，便会直言不讳地指出。有一回，李概要回老家，崔瞻心中满是不舍。分别之际，崔瞻感慨万千，给李概写了一封信，信中倾诉道："我这人啊，总是意气用事，还常借酒逞强，这都是我常犯的毛病。多亏有你在旁，毫无保留地教导我，让我能及时改正。可如今你这一走，往后还有谁能这般坦诚地指出我的不足呢！"从这番肺腑之言中，足以看出他们之间深厚的情谊。他们通过善意的相互劝勉，不仅让彼此的品德得以提升，还诠释了朋友间真挚的关怀。

实践指南

互动游戏：优点与建议大接龙

全体同学围成一圈，第一位同学先说出自己的一个优点，然后指定旁边一位同学，给自己提出一个善意的改进建议。被指定的同学接着说出自己的一个优点，再指定下一位同学给出建议，以此类推。在这个过程中，大家既能发现自身的优点，增强自信，又能在他人善意的建议下，反思自己的不足，学习到规劝他人的恰当方式。若有人一时想不出建议或优点，可表演一个小节目活跃气氛。

贴心指引

勤中寻乐，忙里得福

曾国藩说："家勤则兴，人勤则健。"

人在忙碌中更容易找到自己的价值，从而在劳动中找寻快乐的源泉，过着有节奏的生活，才是真快活。勤劳能使人身心两健，忙碌能使生活充实有趣。

人一闲一懒，毛病就冒出来了。忙碌的人总是充满活力，显得快乐。帮助别人需要我们付出时间和精力，但是他人一句“谢谢”，就能让我们收获喜悦和自豪；大家都觉得每天忙忙碌碌工作很累，但有了成果或者领取报酬时，会感受到幸福和价值。人生就是这样，有付出才有回报。

古人云：人闲是非多，百忙解千愁。别让悠闲弄丢奋斗方向，别让懒惰成为扬帆远航的阻碍。活着，就该找点事做，让自己忙起来，不做闲人、懒人。

真正快活的人，大多是那些忙碌而充实的人。

原文： 凡取与，贵分晓；与宜多，取宜少。

译文： 在生活里，无论是获取东西，还是给予他人，都得做到心中有数。给予的时候，要大方慷慨；索取的时候，要懂得节制。

要义解析

在日常生活中，获取与给予的抉择，常摆在我们面前。当下，不少人觉得获取的机会多，给予的机会少，对拿捏两者的分寸感到迷茫。比如家庭里，一些长辈溺爱晚辈，孩子要什么就给什么，久而久之，孩子养成只知索取、不懂付出的习惯。在社交场合，也有人只关注自身利益，从不替他人考虑。

实际上，获取和给予有着本质差异，一定要明白其中的道理，坚守“义”的准则。自私自利、心中没有他人的人多了，社会就会陷入你争我夺的混乱局面。就像孔子说的：“君子喻于义，小人喻于利。”君子和小人的区别，就体现在对道义和利益的不同态度上。重道义的人，在获取东西时会思考是否恰当，不合适就不会伸手。而且，乐于给予的人，往往能收获更多。因为在给予过程中，能结识不少朋友，积累良好人脉。以后自己遇到困难，这些朋友也会来帮忙。所以，我们要学会慷慨地给予，不要过度索取。

范例故事

子贡赎人与子路受牛

春秋时期，鲁国有条法律：鲁国人在其他国家见到同胞沦为奴隶，出钱赎回后，回国可从官府领取相应酬金。孔子的学生子贡，凭借自身财富赎回了不少鲁国人，却拒绝官府酬金。他本以为会得到老师夸赞，可孔子却严肃地说：“子贡啊，你这样做不对。此举看似高尚，却无意间抬高了道德的门槛。日后其他鲁国人再遇到同胞为奴的情况，去赎回，接受酬金会担心被人指责，不接受又承担不起损失，很可能就放弃救助。如此一来，这条鼓励赎人的法律，就无法发挥原本的作用了。"

另一位学生子路，有一次救了个溺水者。那人感激不已，送了子路一头牛，子路欣然收下。孔子得知后，赞许点头："子路做得对。以后鲁国百姓看到有人溺水，会积极施救，因为大家知道救人有回报。"

子贡给予时未考虑对大众的影响，看似大方却有失偏颇；子路接受谢礼，索取有度，反而激励更多人伸出援手。这正体现了在给予和获取之间，需把握好恰当尺度。

实践指南

情景模拟

设定情景为班级组织义卖活动，目的是为偏远山区儿童筹集善款。活动进行时，一组同学热情满满，主动向过往的同学和老师介绍义卖物品，努力推销，还把自己精心准备的物品毫无保留地拿出来，定价也很合理；另一组同学却偷懒懈怠，不太愿意向他人介绍物品，还想给自己留一些好东西，甚至企图抬高义卖价格来谋取私利。模拟结束后，大家一起讨论两组同学的行为对义卖活动成果及班级形象的影响，分析哪种行为更符合"与宜多，取宜少"的理念。

贴心指引

勤者身健，懒者病缠

曾国藩说：天下古今之庸人，皆以一惰字致败。

懒惰的人，最容易生病。能坐车就懒得走路，能乘电梯就懒得爬楼，能点外卖就懒得做饭。懒惰是生病的根源。坐得多了，肩膀会酸，腰背会疼；不常走动，腿脚会不灵便；想得少了，心气也就低迷了。而且，懒惰不运动的人，身体素质会逐渐变差，常常变得肥胖，高血压、高血脂、高血糖也会找上门。

百岁漫画泰斗方成老先生，高龄时依然身体健康、精神抖擞。别人问他养生秘诀，他就说了几句话："生活一向很平常，骑车画画写文章，养生就靠一个字：忙。"常言道："人勤病就懒，人懒病就勤；体强人欺病，体弱病欺人。"

不要让懒惰占据生活，忙起来，忙人最快活。

原文： 将加人，先问己；己不欲，即速已。

译文： 想要别人去做某件事，首先问问自己愿不愿意做。自己都不愿意，那就别让别人去做。

要义解析

“己所不欲，勿施于人”，这句话我们都不陌生。它告诉我们，在对别人提要求之前，得先审视自己。比如，你希望别人能认真倾听你说话，那么，在别人发言时，自己是不是也做到了专注倾听呢？如果自己都做不到，又怎能要求别人？大家的感受和想法往往是相似的，所以，我们不能随意去伤害、批评或者指责他人，要学会换位思考，多体谅别人。

有一副对联写得好：“愿天下翁姑舍三分爱女之情而爱媳”“望世间人子以七分顺妻之意而顺亲”。从古至今，婆媳关系常常不太融洽。其实，只要公公婆婆能拿出三分疼爱自己女儿的心去对待儿媳，将心比心，矛盾自然就少了。还有，人们常说“娶了媳妇忘了娘”，如果儿子因为听媳妇的话就疏远父母，那可就大错特错了。因为这样做，孩子也学不到孝道，最后可能家庭关系一团糟，所有努力都白费了。

范例故事

以己度人，书毁恩留

东汉末年，曹操与袁绍交战，曹操一方起初处于劣势。曹操的不少部下对这场战争的胜利缺乏信心，为给自己留条后路，纷纷暗中与袁绍联络。后来，官渡之战爆发，曹操凭借出色的谋略，成功击败袁绍。在清理战利品时，曹操发现了部下与袁绍往来的那些书信。然而，曹操看都没看，直接下令将书信烧毁。有人十分不解，问曹操为何不查一查到底是哪些人背叛了他。曹操语重心长地说：“跟随我打仗的这些人，谁没有家庭、儿女呢？在那种绝望的处境下，想要给自己找条出路，这是人之常情。当时，我自己对胜利都没有十足的把握，更何况他们呢？所以，没必要再去追究了。”曹操此举，正是遵循了推己及人的原则，站在部下的角度考虑问题，展现出了非凡的胸怀。

实践指南

小组讨论

给出一些生活场景，如父母要求孩子努力学习，自己却从不看书；老师要求学生遵守纪律，自己却上课迟到。小组成员讨论这些场景中人物行为的不妥之处，以及如何运用“将加人，先问己”的原则来改善情况，每组推选代表分享讨论结果。

贴心指引

老祖宗留下的谦辞

1. “家”：家父、家尊、家严、家君（称父亲），家母、家慈（称母亲），家兄（称兄长），家姐（称姐姐），家叔（称叔叔）。

2. “舍”：舍弟（称弟弟）、舍妹（称妹妹）、舍侄（称侄子）、舍亲（称亲戚）。

3. “小”：小弟（男性在朋友或熟人之间谦称自己）、小儿（谦称自己的儿子）、小女（谦称自己的女儿）、小人（地位低的人的自称）、小生（青年读书人的自称）。

4. “拙”：拙笔（称自己的文章和书画）、拙见（称自己的见解）、拙著（称自己的作品）、拙荆（对人称自己的妻子）。

5. “敝”：敝姓（称自己的姓）、敝人（对人称自己）、敝处（谦称自己的家或居住的地方）、敝校（谦称自己的学校）。

6. “鄙”：鄙人（谦称自己）、鄙意（称自己的意见）、鄙见（称自己的见解）。

7. “愚”：愚兄（对比自己年龄小的人谦称自己）、愚见（谦称自己的意见）、愚以为（谦称自己认为）。

8. “忝”：忝列（有愧被引入或处在其中）、忝在（有愧处在其中）、忝任（有愧担任）。

9. “敢”：敢问（冒昧地询问）、敢情（请求）、敢烦（冒昧地麻烦别人）。

10. “劳”：劳驾（麻烦别人）、劳步（用于别人来访）、劳烦（麻烦别人）、劳神（客套话，用于请人办事）。

11. “不”：不才（没有才能）、不敏（不聪明，表示自谦）、不肖（品行不好，多用于子弟）。

12. “管”：管见（浅陋的见识）。

原文：恩欲报，怨欲忘；报怨短，报恩长。

译文：对于他人给予的恩情，要想着去报答；心中的怨恨，则要尽快忘却。怨恨的情绪存续时间越短越好，而报答恩情的心意要长久不变。

要义解析

两位好友在沙漠中前行，途中，两人不知为何起了争执，其中一人冲动之下打了对方一巴掌。被打的人心里难受极了，便在沙子上写下“今天我朋友打了我一巴掌”。之后他们继续赶路，来到沼泽地，挨打的人不慎陷入沼泽，打人的那位毫不犹豫，拼尽全力将其救出。获救后，被救的人找来一块石头，郑重地刻下“今天我朋友救了我一命”。打人的朋友很疑惑，问为何被打之事写在沙上，救命之恩却刻在石头上。被救者笑着解释：别人对我不好的事，应记在易忘之处，让风将其抹去；朋友的恩情，要刻在不易磨灭的地方，任凭风雨也不会忘却。

这则故事生动地诠释了“恩欲报，怨欲忘”的道理。生活中，我们也应如此，牢记他人的好，放下过往的不愉快。

范例故事

狄仁杰的豁达胸怀

狄仁杰是武则天时期的名臣。有一回，武则天对他说：“你政绩斐然，可不少同僚在背后说你坏话，你想知道他们是谁吗？”狄仁杰从容答道：“臣能力有限，他人批评臣，实则是对臣的监督与关爱。若陛下觉得臣有做得不对之处，臣愿知晓并改正；若陛下明察，认定臣行事无误，不采信流言，那是臣的荣幸。如此，臣又何必知道说坏话之人的姓名呢？”武则天听后，对狄仁杰的气度赞赏有加，认为他尽显大臣风范。狄仁杰这种不纠结于他人怨恨，一心专注于自身作为的态度，完美契合“怨欲忘”的理念。

实践指南

互动游戏：感恩与释怀大比拼

准备一些写有不同恩怨情景的卡片，如“同学帮你解决学习难题”“邻居家的宠物弄坏了你的玩具”等。同学们分组，每组轮流抽取卡片，抽到后在规定时间内，要根据“恩欲报，怨欲忘”的原则，讨论并表演在该场景下应有的正确做法。表演结束后，其他小组进行评价，得分最高的小组获胜。

贴心指引

学会好好说话（一）

1. 交流是相互的，不要总是自己说，变成单口相声。

2. 交流时不要抢着说，先学会倾听。别人说话时，不要打断，这是起码的尊重和礼貌。

3. 别人没问自己意见时，不要自以为是地给别人分析。

4. 别人跟自己分享计划时，不要随便否定别人的想法，鼓励永远比否定让人舒服，有时人家只是想分享，并不需要别人的意见。

5. 别贬低任何人，也别轻易下结论，三十年河东，三十年河西，别人今天不够富有，不够成功，并不代表明天和未来也不成功。

6. 说话不要太直，不要打着心直口快的旗号口无遮拦，要懂得委婉和含蓄地表达。

原文：待婢仆，身贵端；虽贵端，慈而宽。

译文：对待家中的仆人，自身行为要端正。不仅要做到行为端正，还要心怀仁慈、宽厚待人。

要义解析

如今，很多家庭会聘请家政人员，比如保姆、保洁人员等。他们与家庭成员在人格上完全平等。不少孩子都是由家政人员照料长大的，所以，要培养孩子正确对待他们。

家政人员的辛勤付出，理应得到尊重。家长应教导孩子，要像对待长辈那样对待他们，绝不能让孩子从小就学会区别对待他人。不然，孩子难以树立平等和恭敬之心，无法真正从心底尊重他人。同理，家中的司机，孩子也应尊称其为叔叔、伯伯，以此表达应有的敬重。只有在日常生活中注重这些细节，孩子才能养成尊重他人的良好品德，为日后融入社会、与他人和谐相处奠定基础。

范例故事

吴起吮疽得军心

吴起是战国时期赫赫有名的军事家，他不仅军事谋略高超，打起仗来战无不胜，而且十分关爱自己的士兵。有一回，一名士兵的脚上长了毒疮，已经化脓，情况很糟糕。吴起得知后，没有丝毫犹豫，俯下身，用嘴为士兵吸出脚上的脓水。这位士兵的母亲听闻此事后，忍不住痛哭起来。旁人见状，十分不解，询问她为何哭泣。她悲痛地说："当年我的丈夫也曾被吴起将军这样吸过脚上的脓疮，后来他在战场上奋勇杀敌，毫不退缩，最终战死沙场。如今我的儿子也遇到了同样的事，恐怕他也会像他父亲一样，为了报答将军的恩情，在战场上舍生忘死，我担心他离战死也不远了。"吴起之所以能百战百胜，除了他卓越的军事才能，爱护士兵这一点也至关重要。他对士兵的关爱，赢得了士兵们的衷心拥护和拼死效力。

实践指南

情景模拟

学校组织活动，后勤人员在布置场地，非常辛苦。有同学对后勤人员的工作视而不见，甚至抱怨场地布置得不够好；而有同学主动上前帮忙，还关心后勤人员是否劳累。模拟这一情景，探讨不同行为对校园氛围以及后勤人员工作积极性的影响。

贴心指引

吃饭看人品

生活中，我们免不了和朋友一起聚餐，有的时候，餐桌上的一些细节，就能体现一个人的素质。

1. 点菜时挑三拣四。

别人请吃饭，有人这个不吃，那个不吃，别人点了喜欢吃的，又用鄙夷的眼光盯着看，还说一些不屑的话。这类人非常自我，眼里只有自己，不值得深交。

2. 夹菜时总是翻来翻去。

有的人在夹菜时总在盘子里翻来翻去，找自己喜欢的食物，这种行为很不礼貌，这类人比较自我。

3. 觉得这顿饭很便宜，没有多少钱，不在乎。

这种人最不懂感恩，总盯着眼前小利益，内心高高在上，一点都不实在。

4. 大伙相约聚餐，吃完买单时总见不着人。

这类人就是传说中的“厚脸皮”，没原则，贪小利，做事畏首畏尾，眼里只有利益，压根没有情谊可言。

原文：势服人，心不然；理服人，方无言。

译文：凭借权势去压制他人，他人内心并不会真正信服。只有以道理说服他人，才能让人心悦诚服，不再有怨言。

要义解析

生活里，不少“以势服人”的情形。拿职场来说，一些强势的老板，习惯用权威、势力或者金钱来管控员工。员工往往表面顺从，内心实则抵触。一旦有机会，不满就会以各种方式表现出来，最终受损的还是老板自己，公司的发展也会受到影响。所以，制定公司制度时，一定要确保合理合情。制度过于严苛，员工很难全心全意为公司效力。想让大家真心服从，就得秉持公理、坚守道义，如此，团队内部才能和谐，减少矛盾纷争。

再看学校，比如班干部管理班级。有些班干部，因为一时想不到更好的办法，就靠大声喊叫甚至拍桌子维持秩序。一开始可能有点效果，但时间一长，就不管用了。要知道，有理不在声高，作为班干部，自身行为要过硬，只有赢得老师和多数同学的支持，开展工作才能取得长久成效。

范例故事

将相和

战国时期，廉颇和蔺相如都在赵国做官。廉颇战功赫赫，被封为上卿；蔺相如因成功出使秦国，立下大功，同样被封为上卿，且地位在廉颇之上。廉颇对此颇为不服，一心想找机会羞辱蔺相如。蔺相如得知后，总是有意避开廉颇，不愿与之发生冲突。蔺相如解释道：“秦国之所以忌惮赵国，正是因为有我们二人。倘若我们相互争斗，赵国就危险了。”廉颇听闻后，深感惭愧，于是脱掉上衣，背着荆条前往蔺相如家中请罪。从此，两人摒弃前嫌，成为生死与共的好友。蔺相如以国家大义为理，成功化解与廉颇之间的矛盾，传为佳话。

实践指南

互动游戏：以理服人挑战赛

准备一些写有同学们容易产生矛盾的场景的卡片，如“同学借东西不还”“在公共场合有人大声喧哗”等。同学们分组，每组轮流抽取卡片，抽到后在规定时间内，讨论并表演如何以理服人解决该矛盾。表演结束后，其他小组进行评价，得分最高的小组获胜。通过游戏，让大家在实践中掌握以理服人的技巧。

贴心指引

学会好好说话（二）

1. 说话不要大声嚷嚷，有理不在声高，只要对方听力没问题，那就心平气和地说，不然会给人居高临下的压迫感。

2. 说话不要抬杠，交流本身就是互动，互换意见，又不是打擂台，非得争个高低对错。

3. 遇到不同意见，可以保留意见，没必要争得面红耳赤，赢了道理，输了感情，又何必？

4. 多说赞美的话、鼓励的话、暖心的话。良言一句三冬暖，有时候自己不经意的一句鼓励、赞美，就能让别人重新找回自信。

5. 遇到不懂的，不要装懂，学会向人请教，对方并不会笑话你，反而乐于分享。

第七部分

亲仁

亲近有仁德的人

亲仁

积善之家，必有余庆；

积不善之家，必有余殃。

原文： 同是人，类不齐；流俗众，仁者希。

译文： 同样身为人类，个体之间却千差万别。普通大众随处可见，而那些品德高尚、心怀仁爱的人则相对少见。

要义解析

人们的品行有高有低，性格有好有坏，经济状况也各有不同。古代圣贤教导弟子时，秉持“有教无类”的理念，根据每个弟子性格的不同，采用不同的引导方式。

比如，子路曾问孔子：“听到一件合于义理的事，是不是马上就得去做呢?”孔子回答：“你父兄都还在，他们阅历丰富，经验多，你得先问问他们，别急着行动。”冉有问同样的问题时，孔子却给出了相反的回答：“听到了当然得立刻行动。”公西华见状，十分疑惑，便问孔子原因。孔子解释说：“子路性格急躁，做事冲动，所以得让他三思而后行；冉有做事畏首畏尾，缺少魄力，需要鼓励他勇敢行动。”由此可见，智者会根据人的不同性格，给出不同的教导方法。哪怕人们犯的错或做的好事一样，但由于性格差异，最终产生的结果也会大不一样。所以，遇到问题时，要具体问题具体分析，不能一概而论。

范例故事

迷途知返

三国时期，有个读书人叫王烈，在当地很有声望。有一天，一个人偷了别人的牛，被抓着。偷牛的人满脸慌张，苦苦哀求：“我一时鬼迷心窍偷了牛，你怎么罚我都行，就是千万别把这事告诉王烈。”这话传到王烈耳朵里，他马上托人给偷牛者送去一匹布。旁人都很纳闷，王烈解释道：“这人做了错事，却不想让我知道，说明他心里还有羞耻感，我送布是想激励他改正错误。”后来，这个偷牛的人果真洗心革面，不但不再偷东西，还经常热心帮助别人，捡到东西也都归还失主。

实践指南

互动游戏：性格大揭秘

由一位同学描述在校园里、生活中遇到的某个人的典型行为，比如在课堂上总是积极抢答，课间喜欢一个人安静看书等。其他同学根据这些描述，猜测这个人可能具有的性格特点。猜对最多的同学获胜。游戏结束后，大家一起讨论面对不同性格的人，在日常交往中如何更好地理解、相处，增进彼此的关系。

贴心指引

子夏交友

子夏是孔子的学生。有一回，子夏的朋友问他：“子夏，你平时都和什么样的人交往呀？”子夏回答：“我与那些比我贤能的人交往。每次和他们在一起，我都能从他们身上学到很多好的品德和知识，从而不断提升自己。”

而子夏的同学子张，交友观念却不同。子张觉得多结交有权有势的人，能拓展人脉，对自己有好处。有一次，子张结识了一位富户，那人平日里骄奢淫逸，没什么品德修养。子张却因对方的财富和地位，常与他往来。

后来，孔子得知两人截然不同的交友之道，如此评价说：“子夏追求与贤能者相交，能不断提升自己，这是明智之举；子张为了利益结交品行不佳之人，怕是很难有所长进。”同样是孔子的学生，子夏注重朋友的品德，一心向贤，努力提升自己；子张却看重权势和财富，忽视了朋友的品德。在交友这件事上，就体现出两人明显的差异，也反映出不同个体在价值观和追求上的千差万别。

原文： 果仁者，人多畏；言不讳，色不媚。

译文： 真正怀有仁德的人，会受到众人的敬重。因为他们说话坦率真诚，毫无顾忌，并且不会谄媚讨好他人。

要义解析

古人讲“仁者无敌”，意思是内心充满仁爱之人，很难树立敌人。有仁爱之心的人，懂得关爱他人，进而能宽容待人，与周围人融洽相处。所谓“言不讳，色不媚”，指那些有仁德的人，行为坦荡，说话真诚，不遮遮掩掩，所言皆发自内心，神态温文尔雅。和这样的人交往，我们自身的品德也会慢慢得到提升。

范例故事

不媚权贵的谢览

南朝时期，萧衍即将登上皇位。一时间，众人都对他阿谀奉承，萧衍也沉浸在一片赞美声中，十分得意。然而，有个叫谢览的年轻人却与众不同。他见到萧衍时，既没有像其他人那样极力恭维，也没有表现得局促不安。他只是恭敬地行礼，随后便从容转身离开。萧衍看到这一幕，愣了一下，沉默片刻后，询问身旁的官员：“这个年轻人是谁？”官员回答说他叫谢览。萧衍记住了这个名字，对谢览不卑不亢、坦然自若的样子极为赞赏，后来决定重用他。

实践指南

小组讨论

朋友邀请你参加聚会，可你已答应帮家人做事。

1. 对于性格开朗直爽的朋友，你准备如何简洁明了地说明情况，既拒绝邀请又不影响关系？

2. 对于性格内向敏感的朋友，你会采取什么策略来协调聚会与帮家人做事这两件事，避免让朋友失落？

小组讨论结束后，梳理针对不同性格朋友的沟通思路有哪些共同之处和不同点，以及遇到类似情况该如何应对。

贴心指引

古人云：“相由心生，言为心声。”简短八字，蕴含深刻人生哲理，道尽内心世界与外在表现的紧密联系。

一个人的相貌，并非仅由先天基因决定，后天的心境、修养同样会在相貌上留下深刻印记。心怀善念、乐观豁达之人，面容往往祥和温暖。他们常带微笑，眼神温和友善，岁月似乎也格外眷顾，少了沧桑愁苦的痕迹。特蕾莎修女一生致力于帮助贫困、患病之人，她的脸上总是洋溢着慈爱，那是内心悲悯与无私奉献的自然流露，让每一个见到她的人都如沐春风。与之相反，自私狭隘、满心算计的人，久而久之，脸上易浮现出刻薄、冷漠之色，眼神中也透着精明与防备。他们被内心的负面情绪束缚，面容也随之变得僵硬而不可亲。

生活中，我们可凭借“相由心生，言为心声”这一准则去识人。与人初次见面，虽不能以貌取人，但对方的神态、表情，能给我们留下初步印象。若其面容和善、目光真诚，交流时言语谦逊有礼、条理清晰，大概率是内心丰富且品德良好之人。当然，也不能仅凭一时表现就妄下定论，还需在长期相处中，从其言行细节进一步了解。

原文： 能亲仁，无限好；德日进，过日少。

译文： 能够亲近有仁德的人，会获得无穷益处。自身的品德会日渐提升，过错也会日益减少。

要义解析

儒学倡导“恕道”，也就是宽恕之道。《论语》里，孔子的学生曾问：是否有一个字能让人终生奉行？孔子答曰：“恕”字。宽恕，正是仁爱的体现。这里说“能亲仁”有无限好处，原因在于：与仁者亲近，我们的内心会不断得到升华，仿佛每日都置身于真善美的世界中。

在成长道路上，长辈尤其是父母，常常叮嘱我们，在外交友要慎重，在学校该和什么样的人往来。俗话说“跟好人，学好人，跟着巫婆学跳神”，便是这个道理。只要我们乐于持续学习，在师长的教导下，就能不断审视自身，逐步改掉缺点和毛病，气质也会在良好的熏陶下悄然改变，变得越来越好。

范例故事

孟母三迁

孟轲是战国时期声名远扬的思想家。传说他幼年时，孟母为了给他创造良好的成长环境，曾三次迁居。起初，孟轲家毗邻一片墓地，他常模仿出殡的场景玩耍。孟母担心这会让孩子误入歧途，便将家搬到了热闹的集市旁，可孟轲又开始学隔壁商人杀猪卖肉。孟母忧心忡忡，再次搬家，这次搬到了学堂附近。自此，孟轲跟着私塾先生专心学习礼仪，学业日益精进，孟母这才满意，定居下来。

实践指南

小组讨论

1. 在校园生活中，你通过哪些具体行为判断一位同学具有“仁”的品质，比如待人友善、乐于助人等方面，举例说明。

2. 当你发现身边有值得亲近的“仁”者同学，你打算用怎样的沟通方式和他建立良好关系，进而向他学习？

讨论结束后，总结一下识别身边“仁”者的方法，以及与他们交往对自身品德提升的重要意义。

贴心指引

贪婪与嫉妒的较量

在古老的村庄里，住着两个心性不正的人：一个人满脑子都是贪念，总想着占有更多财物；另一个人则被嫉妒心牢牢控制，见不得别人比自己好。

一天，一位智者路过村庄，见两人正为争抢路边的一块铜板吵得面红耳赤，便停下脚步说：“我能满足你们一个愿望，但有个规矩：后许愿的人能得到双倍赏赐。”

这话刚说完，两人立刻安静下来。贪婪的人暗自盘算：“要是我先许愿，他就能得双倍，绝对不行！”嫉妒的人更是急得抓耳挠腮：“倘若我要一亩良田，他就会有两亩；我要十两银子，他就会有二十两；这简直无法容忍！”两人都想成为后许愿的人，争执不下，很快就扭打在一起。

最终，嫉妒的人被打得鼻青脸肿，气急败坏地先开口：“智者！请让我瞎掉一只眼睛、断掉一只手！”话音刚落，他便疼得满地打滚。而贪婪的人还没来得及高兴，就瞬间失去了双眼和双手，瘫倒在地哀嚎不止。

原文： 不亲仁，无限害；小人进，百事坏。

译文： 若不亲近有仁德之人，将会带来诸多危害，品行不端的小人会趁机接近，进而导致诸事不顺。

要义解析

人若不能时刻警醒自己、秉持每日进步之心，便会陷入诸多不利境地。若不亲近品德高尚之人、不注重提升自身修养，内心就容易被外界名利、欲望和享乐所吸引。所以，亲近仁人君子的关键，在于稳固自身道德根基。一旦沾染不良风气，就可能在不知不觉中堕落。品行不佳的人，也会逐渐与你结交。俗话说“近朱者赤，近墨者黑”，与优秀的朋友相处能促人进步，和不良之人交往则会让自己退步。尤其赌博等行为，危害极大，这便是“百事坏”的体现。世间诱惑纷繁，我们稍有不慎、定力不足，就可能在堕落路上越走越远。

范例故事

齐桓公之鉴

齐桓公晚年，生活奢侈放纵，宠信易牙、竖刁和开方三人。易牙为让齐桓公尝人肉味，狠心杀子；竖刁为亲近齐桓公，自行阉割成宦官；开方为讨好齐桓公，长达 15 年不回家看望父母。管仲对他们极为反感，多次告诫齐桓公：“这样杀害亲子、残害自身、背离父母的人，绝不可靠。”后来，齐桓公生病，三人立刻原形毕露，对齐桓公不管不顾，齐桓公最终悲惨饿死。

实践指南

小组讨论

在学校或生活场景中，你依据哪些具体行为，判断某位同学是积极有益的朋友，还是可能带来不良影响的人？请举例说明。

讨论结束后，总结判断益友与损友的关键要点，以及主动构建积极健康社交圈子的方法。

贴心指引

小孩的心

有一位单身女子刚搬家，发现隔壁住了一户穷人，一个寡妇与两个小孩。

有天晚上，家里忽然停电了，那位女子只好点起蜡烛。没一会儿，忽然听到有人敲门。原来是隔壁邻居家的小孩子，只见他紧张地问：“阿姨，请问你家有蜡烛吗？”女子心想：他们家竟穷到连蜡烛都没有吗？可别借给他们，免得被他们依赖上了！

于是，对孩子吼了一声说：“没有！”正当她准备关门时，那小孩却露出关爱的笑容说：“我就知道你家一定没有！”说完，竟从怀里拿出两根蜡烛，说：“妈妈怕你一个人住又没蜡烛，让我送两根给你。”此刻女子又自责又感动，热泪盈眶。

德胜才谓之君子；
才胜德谓之小人。
——《资治通鉴》

【简析】

德行胜过才能，
叫做君子；
才能胜过德行，
就叫做小人。

第八部分 余力学文

有余暇，更应努力学习礼、乐、射、御、书、数等“六艺”，以及各种经典

余力学文

做事乖张 聪明无益

行止不端 读书无益

原文： 不力行，但学文；长浮华，成何人。

译文： 如果不努力将所学的道理付诸实践，只是一味地钻研书本知识，就会滋生虚浮不实的习性，最终又怎能成为一个真正有价值、有成就的人呢？

要义解析

学习儒家经典，关键在于学以致用。儒家经典并非用于挑他人毛病，而是为了修正自身不足，提升个人品德。《弟子规》不是用来背诵的，而是要落实到行动中。不能刚背了几句经典，就借此指责他人。

比如，有位学生，妈妈让他帮忙做家务，结果他不小心弄坏了东西。妈妈说："这么简单的事都做不好，怎么这么笨！"他一听，立马生气地回应："我都毕业了，你还骂我笨。"可见，学历不仅没让他更谦逊，反而滋生傲慢。这警示我们，学习若只停留在知识层面，不重视品德与实践，很难实现真正意义上的成长。

范例故事

"纸上谈水"

从前，有个叫刘羽冲的人，痴迷读书，对古书上的内容深信不疑，认为书上所言皆为真理，从不结合实际思考。有一次，他读到一本关于水利的书，潜心研读，还绘制了水利图。随后，他找到州官，大谈兴修水利的益处，州官便让他负责此事。刘羽冲既不考察农田的地势水情，也不了解当地降雨状况，更不听农民的建议，只按自己画的图纸施工。结果，水渠刚建好投入使用，就被汹涌的大水冲垮，周边农田也惨遭淹没，劳民伤财。

实践指南

小组讨论

1. 在校园学习中，有一些同学理论成绩好，但实验课表现不佳。这些同学可以通过哪些具体方法，将理论知识运用到实际操作中，提升实践能力？

2. 发现身边同学过于偏重理论学习，忽视实践时，你觉得用什么方式与他们交流，能让他们意识到实践的重要性，并愿意尝试改变学习方式？

小组讨论结束后，梳理一套帮助偏重理论学习的同学提升实践能力的可行策略，以及在交流引导时的有效沟通要点。

贴心指引

学会好好说话（三）

1. 适当自嘲一下，往往能获得意想不到的效果。

2. 不管说什么样的话，一定要考虑对方的心理承受能力，顾及对方的感受。如果说出来的话让别人难受，就不如不说。

3. 嘴要比脑子慢一点，任何话都不要脱口而出，宁肯不说，也别乱说。

4. 如果不善言辞，那就多用暖心的行动温暖别人，比起语言，行动更有说服力。

5. 不要对孩子说："你看看人家某某某，再看看你"，这样会让孩子渐渐失去自信，好孩子都是夸出来的。

原文： 但力行，不学文；任己见，昧理真。

译文： 若仅着力于实践行动，却不通过读书学习来增长见识，就会仅凭个人片面的见解行事，从而难以领悟事物的真理。

要义解析

只一心投入实践，却不读书充实自己，就只能局限在自身狭隘的认知里，既不了解他人的观点，也无法借鉴前人的经验与教训，甚至连基本的事理都难以弄清楚。这就如同只知道埋头干活，却不抬头认清前行的方向。我们熟知许多古圣先贤的教诲，甚至能熟练背诵，但在实际生活中，能否灵活运用这些道理，培养自身内在的智慧与品德呢？倘若无法借此改掉自身的不良习惯、改善生活，让内心更加豁达、日子更加美好，连自己都无法受益，又谈何帮助他人？学习需要严谨认真，所学知识应当运用到生活中，毕竟学问既源自生活，也应用于生活。实践与学习知识同等重要，不可偏废。光空谈不行动，或只背诵不践行，只会徒增傲慢，所学知识也成了毫无实际价值的死知识。这样对人生非但毫无益处，反而有害，值得我们高度警惕。

范例故事

孙权劝学，吕蒙蜕变

三国时期，吴国大将吕蒙作战异常勇猛，深受孙权重用。然而，起初他们读书甚少，常被视为缺乏学识的粗莽武夫。后来，孙权严肃劝诫他们："你们如今手握重权，肩负处理国家大事的重任，应当多读书，从历史中汲取经验教训，这对你们大有裨益。吕蒙听后，深受触动，从此奋发图强，刻苦学习。经过不懈努力，他的知识储备日益丰富，逐渐成长为学识渊博之人，在军事和政务上都展现出非凡的智慧与才能。

实践指南

情景模拟

假设你参与校园科技创新大赛项目团队，凭借过往实践经验提出一个产品制作方案，而团队里有成员依据从书本中学到的理论知识，提出截然不同的方案。此时，你打算如何与这位成员沟通，既能清晰表达自己方案的优势，同时也能认真倾听并合理考量对方基于理论的建议?

模拟结束后，分享在此次情景模拟中总结出的在团队合作里平衡实践经验与理论知识的有效沟通方法，以及解决意见分歧的关键思路。

贴心指引

家务清单（一）

做家务不仅能提升孩子的生活能力和学习能力，还有助于培养孩子的自信心和责任感。孩子能从中学会感恩，从容应对生活，也更容易体验到幸福感。

有学者曾经做过一项调查研究，得出一个结论：爱做家务的孩子和不爱做家务的孩子，成年后就业率为 15∶1，犯罪率是 1∶10。爱做家务的孩子离婚率低，心理疾病患病率也低。另有专家指出，孩子成长过程中，家务劳动与动作技能、认知能力发展及责任感培养，有着密不可分的关系。

不论年龄大小，孩子都是重要的家庭成员。告诉孩子在家庭中应负起的责任很重要，而承担家务就是最好的方式。不同年龄的孩子可以做哪些家务？下面这张家务清单，或许可以借鉴一下。

1～2岁：听从简单易行的指示，比如把脏尿布扔到垃圾桶里。

2～3岁：可以在家长指示下扔垃圾；帮忙拿取东西；把衣服挂上衣架；自己使用马桶；自己刷牙；浇花（父母给孩子适量水）；晚上睡前整理自己的玩具。

原文：读书法，有三到：心眼口，信皆要。

译文：读书的方法讲究“三到”，即心要专注，眼要仔细看，口要诵读出来。心、眼、口都切实做到位。

要义解析

在校园中，我们常看到一些同学学习很努力，但学习效果却不尽如人意，可谓事倍功半。究其原因，就在于没掌握学习的方法。所谓“心眼口”，是说眼睛看着书本，嘴巴跟着诵读，但要是心思没放在学习内容上，也是徒劳。所以，“心眼口”之中，心最为关键。若心不专注，杂念丛生，必然会影响读书效果。

朱熹在《训学斋规》里提到：余尝谓“读书有三到，谓心到、眼到、口到。心不在此，则眼不看子细，心眼既不专一，却只漫浪诵读，决不能记，记不能久也。三到之中，心到最急，心既到矣，眼口岂不到乎？”《弟子规》将其总结为“有三到：心眼口，信皆要”。关于“信皆要”，有两种合理的解释：其一，指心到、眼到、口到这三点都至关重要，必须做到；其二，是说人在学习任何知识或功课的时候，都要对自己有信心，有坚定的信念，这样才能有动力，激励自己不断进取。

范例故事

心无旁骛

杨愔自幼酷爱读书，学习时尤为专注。一日，杨愔坐在院子里的李子树下专心看书。此时，熟透的李子从树上掉落，恰好砸中他的后背，可他不为所动，依旧沉浸在书中。一旁的孩子们见状，纷纷跑来争抢掉落的李子。抢到的孩子兴高采烈地品尝着李子的甘甜，没抢到的则满心懊恼，有孩子找来竹竿打李子，有孩子甚至直接爬上树去摘。唯有杨愔，仿佛置身事外，全神贯注地阅读，在知识的海洋里畅游，对他而言这才是最大的乐趣。

实践指南

小组讨论

1. 在日常学习中，有些同学读书时难以专注，容易分心。有哪些具体方法可以帮助这些同学提升读书时的专注力，做到心到、眼到、口到？

2. 当小组中有成员认为博览群书会分散精力，影响对某一专业知识的深入学习时，你觉得应该如何与他交流，让他理解广闻与专修并非矛盾，而是相辅相成的关系？

小组讨论结束后，梳理一套提升读书专注力的实用策略，以及在讨论广闻与专修关系时的有效沟通要点。

贴心指引

家务清单（二）

3～4 岁：更好地使用马桶，洗手；更仔细地刷牙；认真地浇花；收拾自己的玩具；喂宠物；睡前和父母一起铺床，如拿枕头、被子等；饭后自己把盘碗放到厨房的水池里；把叠好的干净衣服放回衣柜；把自己的脏衣服放到装脏衣服的篮子里。

4～5 岁：要熟练掌握前几个阶段要求的家务；自己铺床；饭前准备餐具（从拿餐具开始，慢慢帮忙摆盘子），饭后把脏的餐具放回厨房；把洗好晒干的衣服叠好放回衣柜（学习不同衣服的正确叠法）；自己准备第二天要穿的衣服。

原文：方读此，勿慕彼；此未终，彼勿起。

译文：专注阅读某一本书时，不要想起另一本书。一本书尚未读完，切勿开启另一本。

要义解析

以学习为例，有的学生做语文作业时，心里想着数学作业还有很多；做数学作业时，又惦记着英语作业。如此三心二意，内心就会慌乱，无法专注于当下的任务。

在日常阅读中，不少人一本书才读个开头，就被其他新书吸引，转而阅读新书，新书没读完，又去翻看别的书。有人觉得这无关紧要，家长或老师可能认为，孩子总归是在看书，似乎还读了不少，别的孩子一本都没读完，自己的孩子已翻了好几本。然而，很多学者并不认同这种做法。章太炎先生的弟子黄侃形象地把这种不读完一本书就换书的行为称作“杀书头”，即一本书刚开始阅读就放弃，如同砍掉书的“头”。长期如此，容易让孩子养成做事浅尝辄止的不良习惯。

范例故事

赵普读《论语》

宋太祖时期，赵普担任宰相。由于赵普年少时读书不多，处理奏章时常出错，因此常常在夜晚勤奋苦读。有一次皇帝看赵普读《论语》，十分诧异，便问道：“《论语》是孩童启蒙读物，你为何还在读它?”赵普答道：“我小时候读《论语》，只是识字。如今，我从《论语》中领悟齐家、治国、平天下的道理。”皇帝听后，高兴地称赞：“你真正读懂了《论语》啊!”

实践指南

小组讨论

在日常学习中，有些同学制订了详细的读书计划，却总是难以执行，频繁更换书籍阅读。有哪些具体方法可以帮助这些同学克服这个问题，做到专注阅读，完成读书计划?

小组讨论结束后，梳理出一套帮助同学专注阅读、合理安排阅读计划的实用策略。

贴心指引

家务清单（三）

5～6岁：不仅要熟练掌握前几个阶段要求的家务，还能帮忙擦桌子；自己铺床/换床单（从帮父母把脏床单拿走，并拿来干净的床单开始）；自己准备第二天去幼儿园要用的书包和要穿的鞋，以及各种第二天上学用的东西；收拾房间，会把乱放的东西捡起来并放回原处。

6～7岁：不仅要熟练掌握前几个阶段要求的家务，还能在父母的帮助下洗碗盘，能独立打扫自己的房间。

7～12岁：不仅要熟练掌握前几个阶段要求的家务，还能做简单的饭菜；帮助父母洗车，拖地；清理洗手间；扫树叶，扫雪；会用洗衣机和烘干机。

原文： 宽为限，紧用功；工夫到，滞塞通。

译文： 开始阅读一本书时，不妨将时间设定得宽松些，但实际执行时要抓紧用功。只要下足功夫，那些原本晦涩难懂的地方自然会迎刃而解。

要义解析

人往往都有侥幸心理，虽明白“今日事今日毕”的道理，但总拖延不做，导致事务越积越多，临近考试时，便慌了神，开始拼命用功。图书馆平常冷冷清清，可一到考试前夕就人满为患，大家都在临时抱佛脚，这样的学习效果通常不佳。

对于那些制订计划却不执行、总是拖延的人，古人曾写过一首打油诗描述：“春天不是读书天，夏日炎炎正好眠。秋有蚊虫冬有雪，收拾书籍待来年。”意思是有人制订读书计划，想着春天要好好读书，可到了春天，却以春困、想春游等借口推脱；夏天来了，又嫌天气热，总打瞌睡，便说夏日适宜睡觉，把读书计划推到秋天；秋天呢，抱怨蚊虫叮咬，不适合读书；到了冬天，又因下雪要赏雪，没空读书，只能把书整理好，等来年再读。如此日复一日，永远无法付诸行动。

范例故事

放牛娃的画家梦

王冕幼时家境贫寒，为维持生计，只能给人放牛。一天，王冕在湖边放牛，湖光山色美不胜收，深深吸引了他。他心想：要是能把这美景画下来该多好！于是，他尝试在沙地上作画。从那以后，王冕对绘画的兴趣越发浓厚，看到什么都想画下来。后来，他攒了些钱，便买来画笔和颜料带在身边，一边放牛，一边专心画画。凭借坚持不懈的努力，王冕最终成为一位著名的画家。

实践指南

小组讨论

有些同学制订了学习计划，可一遇到难题就想放弃，难以做到“紧用功”。有哪些具体方法可以帮助这些同学克服困难，坚持按计划努力学习？

小组讨论结束后，帮助同学梳理制订出一套能有效执行的学习计划，做到“宽为限，紧用功”。

贴心指引

家务清单（四）

12岁以上：不仅要熟练掌握前几个阶段要求的家务，还能做简单的饭菜；擦玻璃（里外两面）；清理冰箱；清理厨具；列出要买东西的清单；洗衣服（全过程，包括洗衣、烘干衣物、叠衣以及放回衣柜）。

父母从孩子孩提时起就应引导其养成参与劳动、肯吃苦的习惯；要是任由孩子养成好吃懒做、不爱劳动的习性，长大后面对生活磨砺，会不愿吃苦，缺乏实操能力，工作想做出成绩也难，原本能蓬勃生长的潜力，也容易被慢慢消磨。

孩子在体验中长大，体验越多，感受越深。凡是孩子能做到的事情，家长尽量不要替他去做。孩子进一步，大人退一步，这就叫成长。

原文：心有疑，随札记；就人问，求确义。

译文：读书过程中，如果心中产生疑问，要随时把疑问记录下来，随后向他人请教，以寻求确切的解释和含义。

要义解析

如今网络发达，有“有事不决问百度”的说法。可在古代，常常没有人随时答疑解惑。所以，古人一旦读到不懂之处，就赶紧把问题记在小本子上，然后不断向他人请教，力求得到准确答案。做笔记是积累知识的好方法，长期坚持，定会收获颇丰。

积累知识最忌讳像用筛子筛东西一样。想象一个筛子装满米，筛子眼若大，大量米粒就会漏掉。如何让筛子眼变小呢？得从小养成细致的习惯，从小做事细致、勤动笔，知识的“筛子眼”就会越来越小，知识也就能更好地积累起来。否则，读了很多书，却遗漏大半，甚至可能理解错误，难以达到理想的积累效果。

范例故事

贾逵求知

贾逵是东汉时期著名的经学家、天文学家。他自幼聪慧，热爱读书，却因家境贫寒，连纸和笔都买不起。但贾逵读书极为认真，碰到精彩文章或不懂的语句，都不会轻易放过，设法借来笔墨，将内容记在自己制作的竹简、木片上，之后找机会向他人请教。就这样边读边记，前人所著书籍，他几乎都研读了一遍。随着学习深入，贾逵的学识日益渊博，与他交往的人，都称赞他是难得的奇才，无人能及。

实践指南

小组讨论

在日常阅读书籍时，有些同学虽有疑问，但不知道如何记录，导致遗忘。有哪些简单有效的记录疑问的方法，方便他们后续请教他人呢？

小组讨论结束后，梳理一套帮助同学养成记录疑问、积极请教习惯的实用策略。

贴心指引

学会好好说话（四）

1. 想说话不得罪人，得懂察言观色，一边说一边观察对方的反应，发现对方表情不对，及时打住，转移话题。

2. 说话要分场合，比如开会发言轮到你，没必要扭捏，大方地发表意见，太谦虚、推辞反而不讨喜。

3. 说话要有分寸感，与刚认识不久的朋友聊十分私密的话题会让人觉得不踏实。

4. 他人做错事，别得理不饶人、喋喋不休、翻旧账，点到为止就好。

5. 不要哪壶不开提哪壶，别人的弊端、短处、隐私，要避而不谈，只有照顾他人自尊，才能赢得尊重。

6. 别把“我是为了你好”当口头禅。要知道，忠言逆耳，与其让别人反感，不如落实在行动中，让对方感受你的良苦用心。

原文：房室清，墙壁净；几案洁，笔砚正。

译文：居住的房间要保持清爽整洁，墙壁应干净无污；书桌需擦拭洁净，笔和砚台摆放要端正。

要义解析

相传朱熹在书房读完书，定会将书房收拾得干干净净才离开。古人讲究：心怀一分诚敬，收获一分益处；抱十足恭敬之心，能获得十分好处。古时，文具主要是文房四宝。如今毛笔和砚台不常用，但日常用的笔、橡皮擦等文具，应摆放整齐。

“一屋不扫，何以扫天下”，常被家长用来教导孩子。可近年来，不少家长觉得孩子只要专心读书就行，其他事不必操心，不指望孩子打扫屋子，一心盼着孩子成大业，即便家里杂乱、不叠被子、不整理书包也无所谓，这其实是一种认识误区。拥有好习惯，失败不易；养成坏习惯，成功艰难。许多良好习惯，都得从小培养。

范例故事

陈蕃的转变

陈蕃年幼时，常在自家庭院读书。一日，薛勤来访，见庭院杂草丛生、垃圾遍地，无人打扫。薛勤便问陈蕃：“孺子何不洒扫以待宾客？”意思是你这孩子，为什么不把庭院收拾干净迎接宾客？陈蕃回应：“大丈夫处世，当扫除天下，安事一室乎？”陈蕃认为大丈夫应心系天下大事，怎能只打扫一间屋子呢。薛勤听后，既惊叹陈蕃心怀大志，又担忧他不拘小节，缺乏重视小事的习惯，于是劝道：“一屋不扫，何以扫天下？”连一间屋子都打扫不好，又怎能治理天下？陈蕃听后，恍然大悟。此后，他将庭院打扫得干干净净，书桌也擦拭得一尘不染，逐渐养成做事有条不紊的好习惯，最终成就大事。

实践指南

互动游戏：整洁大比拼

游戏设定在规定时间内，各小组对教室的特定区域进行整理，达到“房室清、几案洁”的要求。在整理过程中，你如何组织小组成员分工合作，提高整理效率？

游戏结束后，结合游戏过程，谈谈在日常生活里，如何将游戏中的整理技巧运用到宿舍、家庭环境中，营造整洁舒适的生活空间。

贴心指引

我为什么不能？

小王给朋友打电话抱怨道：为什么我努力了还是得不到？我已经行善了，但命运却不变？

朋友：我给你寄 500 元钱，好不好？

小王：我不要你的钱！

朋友：我是要你帮我办一件事。

小王：你说办什么，我绝对帮你办好！

朋友：帮我买一辆汽车。

小王：500 元怎么能买到汽车呢？！

朋友：你知道 500 元买不到汽车啊。可是世上有太多的人都在绞尽脑汁，想付出一点，就得到很多。

原文：墨磨偏，心不端；字不敬，心先病。

译文：要是磨墨时将墨磨偏了，这表明心思不专注；写字不工整，意味着内心浮躁不安。

要义解析

古人认为，磨墨这件事能反映一个人的心境。在古代，写书法前需磨墨，即在砚台里加少量清水，用墨条研磨出墨汁。磨墨时，手要握稳，不能歪斜；既不能让墨汁弄脏手，也不能让墨汁溢出；且磨墨用力要均匀。若用力不均，速度时快时慢，墨条易磨偏。磨完检查，墨条歪则说明磨墨时心思不集中；墨汁溢出，便是没留意磨墨速度导致的。古人常让孩子磨墨，以此培养耐心。这看似简单的磨墨行为，实则能锻炼人的专注力和做事的认真态度。

范例故事

吴同学艺

从前，有个叫吴同的年轻人，跟着泥水匠当学徒。他一心想拥有像师傅那般精湛的手艺，可为人懒惰，做事敷衍，还不愿从基础学起。一天，师傅想考验吴同，让他在一周内盖好一座房子。没想到，吴同不到三天就完工了。结果第四天一场暴雨袭来，房子瞬间被冲垮。看着自己盖的房子如此不结实，吴同又懊恼又羞愧。此后，他彻底醒悟，开始脚踏实地学手艺，认真对待每一个步骤，最终练就一身过硬本领。

实践指南

小组讨论

日常学习中，有些同学做作业字迹潦草，不注重书写规范。有哪些具体方法可以帮助这些同学养成认真书写、专注做事的好习惯？

小组讨论结束后，梳理出一套帮助同学提升书写质量、培养专注习惯的实用策略。

贴心指引

文房四宝

“文房四宝”是我国文化艺术的典范，传承着我国特有的书法文化底蕴，有着深厚的人文历史，既是书法艺术，也是人类发展文明的体现。它是古代文人必备用具，象征和谐深厚的文化，能让人感受到清新书香，纯粹而真挚。

“文房四宝”是我国书房中特有的书法用具，“四宝”主要指笔、墨、纸、砚。它在古代最为盛行，是古代书法文化的精髓。

“文房四宝”里的笔，主要指古时用的毛笔，其中的墨跟现代墨水有一些区别。在古代，纸的种类、材质很多。“文房四宝”中，砚台十分珍贵，是收藏价值很高的书法用具。

原文：列典籍，有定处；读看毕，还原处。

译文：摆放书籍要有固定的位置；阅读完毕后，需将书籍放回原位。

要义解析

读到这一句，想必不少人会心生共鸣。生活中，我们常找不到东西，如钥匙、眼镜，还有书籍。孩子也一样，家里书多的时候，常能听到他们喊：“妈妈，我的书不见了。”“爸爸，我那本书放哪儿了，你能帮我找找吗？”这都是看完书没放回原处导致的。

做父母的也该反思，自己看完书是否妥善收好。要是家里有年幼的弟弟妹妹，哥哥姐姐没及时收好，弟弟妹妹可能会在书上乱涂乱画，引发矛盾。成年人有时找不到东西，会想着别找了，过段时间就会出现了，自我安慰：“踏破铁鞋无觅处，得来全不费工夫”。其实，养成整理物品的习惯，能避免很多麻烦。

范例故事

陆倕护书

陆倕从小就热爱读书。六岁时，他有一间茅草屋，专门用来学习。先秦两汉诸子百家的各类书籍，摆满小屋，方便他随时翻阅。然而，他屋里却没有《汉书》。陆倕听闻，不读《汉书》，难称学者，便借朋友的《汉书》来读。借回的《汉书》归还期限将至，陆倕发现其中有几卷不见了。好在陆倕已将《汉书》熟记于心，他凭借记忆，把缺失的几卷内容默写出来，这才顺利将书归还。

实践指南

情景模拟

你在班级图书角借阅书籍，发现图书角的书摆放杂乱，有同学借阅后随意乱放。你打算如何与这些同学沟通，让他们明白整理图书、归位书籍的重要性?

模拟结束后，分享一下在这次情景中，你总结出的劝说他人爱护公共书籍、规范摆放的沟通方法和技巧。

贴心指引

中华礼仪用语

头次见面用久仰，很久不见说久违。
认人不清用眼拙，向人表歉用失敬。
请人批评说指教，求人原谅用包涵。
请人帮忙说劳驾，请给方便说借光。
麻烦别人说打扰，不知适宜用冒昧。
求人解答用请问，请人指点用赐教。
赞人见解用高见，自身意见用拙见。
看望别人用拜访，宾客来到用光临。
陪伴朋友用奉陪，中途先走用失陪。
等待客人用恭候，迎接表歉用失迎。
别人离开用再见，请人不送用留步。
欢迎顾客称光顾，答人问候用托福。

问人年龄用贵庚，老人年龄用高寿。
读人文章用拜读，请人改文用斧正。
对方字画为墨宝，招待不周说怠慢。
请人收礼用笑纳，辞谢馈赠用心领。

原文： 虽有急，卷束齐；有缺坏，就补之。
译文： 即便遇到紧急情况，也要把书籍整理整齐；若书籍有缺损，应及时修补。

要义解析

古代读书人多有补书技能。那时书籍珍贵，一本书籍可能流传多年，供几代人阅读，因此有破损便要细心修补。如今经济条件改善，获取书籍容易，孩子很少有补书的习惯。回想小时候，我们得到一本书如获至宝，不舍得书有卷角，还会精心包上书皮。生活中，培养孩子好习惯、好态度的契机十分常见。所以，教育孩子应从小事小节抓起。

范例故事

孔子书编三绝

孔子是我国伟大的思想家，年少时勤奋好学，因学识渊博声名远扬，这离不开他刻苦读书。当时尚未发明纸张，书籍由竹简制成，用牛皮绳串连。传说孔子爱读《周易》，因频繁翻阅，串竹简的牛皮绳都磨断了三次。每次牛皮绳磨断，孔子都仔细整理，完好保存书籍。这既体现了孔子的勤奋，也反映出他对书籍的爱护。

实践指南

小组讨论

日常学习中，有些同学不爱惜课本，随意涂画、折页。有哪些具体措施可以帮助这些同学养成爱护书籍的习惯？

小组讨论结束后，梳理培养同学爱护书籍习惯的实用策略。

贴心指引

做人要“傻”三分

1. “傻”三分就是能吃苦。学生能吃苦，成绩差不了。领导能吃苦，下属跟着有干劲。一家人都能吃苦，这个家庭会富裕。

2. “傻”三分就是有耐力。干事业想成功，得有耐力，不能急于求成、走捷径。数学家一生就研究数字，教师一生就研究教学。有耐力者能创造辉煌，没耐力者一事无成。

原文：非圣书，屏勿视；蔽聪明，坏心志。

译文：不是圣贤所著的书籍，要摒弃不看；这类不良书籍会蒙蔽智慧，败坏心志。

要义解析

一个人的阅读史就是精神发育史，许多名人都强调读好书的重要性。西汉刘向说：“书犹药也，善读之可以医愚”，意思是书如同良药，好好阅读能让人摆脱愚昧。南宋陆游称：“病须书卷作良医”，苏轼讲：“腹有诗书气自华”，英国思想家培根也说：“读史使人明智，读诗使人灵秀，数学使人周密，伦理学使人庄重”。

有一种说法叫“读书无禁区”，但这是对有判断力的成年人而言的。孩子的心智、判断力还在成长，应引导其读经典好书。那些存在争议、不良的书籍，不要让孩子接触。等孩子形成人生观和价值观，有了判断力，再让他们自主选择阅读内容也不迟。

范例故事

欧阳修劝晚辈读经典

北宋文坛大家欧阳修，不仅自己文学造诣极高，还十分重视对后辈的培养。当时，他有一位远房侄子对诗词歌赋略知一二，便有些沾沾自喜，对经典书籍的阅读不以为意。

有一次，欧阳修的侄子前来拜访，在谈论中，他大谈自己创作的一些浅陋的诗词，还对经典著作表现出不屑，觉得那些古书晦涩难懂，不如自己写的东西有趣。

欧阳修没有直接批评侄子，而是笑着对他说："我给你讲个事儿。前些日子，我路过一片庄稼地，看到有个年轻后生在耕地。他赶的那头牛特别壮实，拉着犁走得又稳又快。可旁边一个看热闹的人却说，这牛看着是不错，可就是不知道它到底能耕多深、走多远，毕竟它没经过太多的考验。这就好比读书，你现在写点儿小文章就觉得自己了不起，可如果不深入研读经典，就像那头没经过考验的牛，看似厉害，实则腹中空空。"

侄子听后，有些不以为然。欧阳修见状，又说："经典之作，就像那经验丰富的老农一样，有数不清的智慧。比如《论语》，孔子和弟子们的对话，看似平常，却能教会我们为人处世的道理，能让人明白什么是仁、义、礼、智、信。再看《史记》，司马迁把那么多朝代的兴衰、人物的成败都记录下来，读了它，你能从古人的经历中吸取教训，开阔自己的眼界。你要是静下心来读，就会发现其中的乐趣和价值，远不是你那些诗词能比的。"

侄子听了欧阳修这番话，开始反思自己，逐渐静下心来阅读经典。随着阅读的深入，他越来越感受到经典的魅力，文学素养也得到了很大提升。

实践指南

小组讨论

在日常阅读中，有些同学难以辨别书籍的优劣，常常沉迷于一些无益的读物。有哪些具体方法可以帮助这些同学提升辨别书籍好坏的能力？

小组讨论结束后，梳理出一套帮助同学挑选优质书籍的实用策略。

贴心指引

处世之礼，因"人"而异

弟子问："师父您有时候打人骂人，有时候对人又彬彬有礼，这里面有什么玄机吗？"师父说："对待上等人直指人心，可打可骂，以真面目待他；对待中等人最多隐喻他，要讲分寸，他受不了打骂；对待下等人要面带微笑，双手合十，他很脆弱，心眼小，只配用世俗的礼节对他！"你受得了何种委屈，决定你能成为何种人。

原文： 勿自暴，勿自弃；圣与贤，可驯致。

译文： 人切不可自我作践、自我放弃。只要树立志向，努力奋进，成为品德高尚的圣贤之人并非遥不可及。

要义解析

《弟子规》以“非圣书，屏勿视；蔽聪明，坏心志。勿自暴，勿自弃；圣与贤，可驯致”这八句话收尾，旨在教导大家该读何种书籍，以及拥有坚定信念对成长的关键意义。就像子路，起初性格鲁莽，初见孔子时，尽显粗野，对圣贤学问一无所知，也不把孔子放在眼里。但在孔子的教导下，他改掉了陋习，勤奋学习，最终成为孔门中出色的政治人才，是孔门十哲之一。这表明，即便起点低，只要不自暴自弃，努力进取，也能实现蜕变。

范例故事

张季直的逆袭

张季直自幼刻苦读书。年幼时，他参加州试，名落孙山。回到学塾后，老师觉得颜面无光，严厉斥责道：“要是一千人参加考试，录取九百九十九人，唯一不被录取的，肯定就是你张季直！”这番话深深刺痛了张季直，他暗下决心，要铭记这份耻辱。此后，他用了奇特的读书方法——用筷子别住发辫，只要稍有动作，就会被扯醒，随即起身读书。经过不懈努力，张季直成功考取状元，实现从失败到辉煌的逆袭。

实践指南

小组讨论

有同学因为成绩不理想，逐渐对自己失去信心，甚至自暴自弃。有哪些具体的方法可以帮助这些同学重新树立学习信心，克服自我否定的心态？

小组讨论结束后，梳理出一套帮助同学摆脱自暴自弃心态、提升学习信心的实用策略。

贴心指引

目标的精神引领作用

有一项著名的调查，调查内容是目标对人生的影响，调查对象是一群智力、学历、生活环境等条件都差不多的年轻人。结果发现：27% 的人没有目标；60% 的人目标模糊；10% 的人有清晰但比较短期的目标；只有 3% 的人有清晰且长期的目标。

25 年的跟踪研究表明：那 3% 的人，25 年来几乎都不曾更改过自己的人生目标，他们始终朝着同一个方向不懈努力，成了社会各界顶尖的成功人士，其中不乏创业者、行业领袖、社会精英。那 10% 的人，大都生活在社会的中上层。他们的共同特点是，那些短期目标被不断地达到，生活质量稳步上升。他们成为各行各业不可缺少的专业人士，如医生、律师、工程师、高级主管等。那 60% 的人，几乎都生活在社会的中下层。他们能安稳地生活与工作，但都没有取得什么特别的成绩。剩下的 27% 的人，他们几乎都生活在社会的最底层，过得很不如意，常常失业，靠社会救济，并且总在抱怨他人，抱怨社会。

启示：其实，每个人的内心深处都有对成功的渴望。如果你能发掘它，便能找到成功的方向，找到一种支持你不懈努力的持久力量。然而，正如那句谚语所说："如果你不知道你要到哪儿去，那通常你哪儿也去不了。"我相信，杰出人士与平庸之辈的根本差别并不是天赋、机遇，而在于他们有无目标，且高远与否。同学们，相信你们心中都有梦想，不自暴自弃，坚持不懈，终会成功！

天下难事，必作于易；
天下大事，必作于小。
——《道德经》

【简析】
天下所有的难事，
必须从容易的地方做起；
天下所有的大事，
必须从细微的小事做起。

附录一

弟子规

总　叙

弟子规，圣人训。首孝弟，次谨信。
泛爱众，而亲仁。有余力，则学文。

【入则孝】

父母呼，应勿缓；父母命，行勿懒。
父母教，须敬听；父母责，须顺承。
冬则温，夏则凊；晨则省，昏则定。
出必告，反必面；居有常，业无变。
事虽小，勿擅为；苟擅为，子道亏。
物虽小，勿私藏；苟私藏，亲心伤。
亲所好，力为具；亲所恶，谨为去。
身有伤，贻亲忧；德有伤，贻亲羞。
亲爱我，孝何难；亲憎我，孝方贤。
亲有过，谏使更；怡吾色，柔吾声。
谏不入，悦复谏；号泣随，挞无怨。
亲有疾，药先尝；昼夜侍，不离床。
丧三年，常悲咽；居处变，酒肉绝。
丧尽礼，祭尽诚；事死者，如事生。

【出则弟】

兄道友，弟道恭；兄弟睦，孝在中。
财物轻，怨何生；言语忍，忿自泯。
或饮食，或坐走；长者先，幼者后。
长呼人，即代叫；人不在，己先到。

称尊长，勿呼名；对尊长，勿见能。
路遇长，疾趋揖；长无言，退恭立。
骑下马，乘下车；过犹待，百步余。
长者立，幼勿坐；长者坐，命乃坐。
尊长前，声要低；低不闻，却非宜。
进必趋，退必迟；问起对，视勿移。
事诸父，如事父；事诸兄，如事兄。

【谨】

朝起早，夜眠迟；老易至，惜此时。
晨必盥，兼漱口；便溺回，辄净手。
冠必正，纽必结；袜与履，俱紧切。
置冠服，有定位；勿乱顿，致污秽。
衣贵洁，不贵华；上循分，下称家。
对饮食，勿拣择；食适可，勿过则。
年方少，勿饮酒；饮酒醉，最为丑。
步从容，立端正；揖深圆，拜恭敬。
勿践阈，勿跛倚；勿箕踞，勿摇髀。
缓揭帘，勿有声；宽转弯，勿触棱。
执虚器，如执盈；入虚室，如有人。
事勿忙，忙多错；勿畏难，勿轻略。
斗闹场，绝勿近；邪僻事，绝勿问。
将入门，问孰存；将上堂，声必扬。
人问谁，对以名；吾与我，不分明。
用人物，须明求；倘不问，即为偷。
借人物，及时还；人借物，有勿悭。

【信】

凡出言，信为先；诈与妄，奚可焉。
话说多，不如少；惟其是，勿佞巧。

奸巧语，秽污词；市井气，切戒之。
见未真，勿轻言；知未的，勿轻传。
事非宜，勿轻诺；苟轻诺，进退错。
凡道字，重且舒；勿急疾，勿模糊。
彼说长，此说短；不关己，莫闲管。
见人善，即思齐；纵去远，以渐跻。
见人恶，即内省；有则改，无加警。
惟德学，惟才艺；不如人，当自励。
若衣服，若饮食；不如人，勿生戚。
闻过怒，闻誉乐；损友来，益友却。
闻誉恐，闻过欣；直谅士，渐相亲。
无心非，名为错；有心非，名为恶。
过能改，归于无；倘掩饰，增一辜。

【泛爱众】

凡是人，皆须爱；天同覆，地同载。
行高者，名自高；人所重，非貌高。
才大者，望自大；人所服，非言大。
已有能，勿自私；人有能，勿轻訾。
勿谄富，勿骄贫；勿厌故，勿喜新。
人不闲，勿事搅；人不安，勿话扰。
人有短，切莫揭；人有私，切莫说。
道人善，即是善；人知之，愈思勉。
扬人恶，即是恶；疾之甚，祸且作。
善相劝，德皆建；过不规，道两亏。
凡取与，贵分晓；与宜多，取宜少。
将加人，先问己；己不欲，即速已。
恩欲报，怨欲忘；报怨短，报恩长。
待婢仆，身贵端；虽贵端，慈而宽。
势服人，心不然；理服人，方无言。

【亲仁】

同是人，类不齐；流俗众，仁者希。
果仁者，人多畏；言不讳，色不媚。
能亲仁，无限好；德日进，过日少。
不亲仁，无限害；小人进，百事坏。

【余力学文】

不力行，但学文；长浮华，成何人。
但力行，不学文；任己见，昧理真。
读书法，有三到；心眼口，信皆要。
方读此，勿慕彼；此未终，彼勿起。
宽为限，紧用功；工夫到，滞塞通。
心有疑，随札记；就人问，求确义。
房室清，墙壁净；几案洁，笔砚正。
墨磨偏，心不端；字不敬，心先病。
列典籍，有定处；读看毕，还原处。
虽有急，卷束齐；有缺坏，就补之。
非圣书，屏勿视；蔽聪明，坏心志。
勿自暴，勿自弃；圣与贤，可驯致。

附录二

北大保安第一人，27 年后怎么样了？

时隔 27 年，张俊成依然记得第一次在北大站岗时的情景。那是 5 月末的一天，天气已有些炎热。他头戴大檐帽、身穿制服站在北大西门岗台，眼前人流如织，一切都是新的。

27 年前，来自山西长治的保安张俊成通过自学，考上北大法律自考专科，从保安逆袭为大学生，被称为“北大保安第一人”，由此拉开了北大“保安天团”的序幕。

如今，这位曾经的北大保安，已在家乡从教二十余载，并创办了一所主要面向农村孩子的民办中职学校。他说：“北大给我播下了一颗种子，我要把这颗种子带给更多的人。”

出身寒门

张俊成出生在长治市襄垣县下良镇土泉村。在张俊成的记忆里，他身上穿的永远是哥哥们留下的旧衣服，补丁摞补丁，鞋也露着脚趾头。最难的时候，家里吃了上顿没下顿，父母只能厚着脸皮找邻居借米下锅。为给家里减轻负担，张俊成初中毕业后中断学业，打工时恰逢北京一家保安公司招人，便坐上了去北京的大巴。

奉职燕园

1994 年，张俊成被分配到北大西门担任保安，因业务突出被提拔为西门班长。他定下规矩：保安岗是北大的第一道窗口，不管校内校外，看到有人遇到困难一定要出手相助。

他对队员说，北大是一流学府，有一流的大师和学子，北大的保安也该是一流的，而西门保安要成为一流里的一流。

一次，几个没证件的外国年轻人想进校，张俊成敬礼并比画劝阻，对方没明白意思。几番沟通后，对方走到马路对面，齐齐竖起大拇指。“这是在夸我吗？”

张俊成正疑惑着，对方的大拇指又齐齐倒过来——那是嘲笑的手势。

年轻的张俊成既愤恨又委屈，回到值班室，摘下帽子、解下皮带就给母亲打电话："我不干了，我要回家！"母亲反问："你走时说要闯出个名堂，现在闯出来了吗？"

辗转反侧一整晚，张俊成下决心自学英语。第二天，他买了两本英语书。白班站岗没法看，他便在夜班无人时自学，还常常大声朗读词句。

一天夜里，一位老师路过，得知张俊成在学英语。这位老师再遇到他总会帮他纠正发音，原来，这位老师是北大英语系教授曹燕。她为张俊成办了两张免费的英语听课证，还特意让保卫处关照他的学习。拿着听课证，张俊成的眼泪几乎要落下来，曹老师却说："我不要你感动，要你行动。"在曹老师的鼓励下，张俊成知道，通过自考也能上北大，于是动了考学的念头。

为争取更多学习时间，他主动申请连上夜班，每天只睡三四个小时。除了站岗，他几乎都在看书刷题，常常连吃饭都顾不上，半年时间体重掉了 15 斤。

时间久了，不少北大师生都知道西门有个爱学习的保安。东语系教授章学诚得知张俊成要考法律专业，帮他联系法律系老师，让张俊成去旁听。西语系教授张玉书也常来找张俊成"遛弯儿"，一路讲马克思、尼采、黑格尔、叔本华……夕阳时分，未名湖畔常常出现一老一少的身影。功夫不负苦心人，半年后，张俊成考上北大法律系专科。随后 3 年，他硬是啃下艰涩难懂的专业知识，13 门课程全以高分通过，成功拿到北大法律专业自考专科毕业证。在他的带动下，十余名北大保安相继加入读书考学队伍。

1999 年，张俊成新婚妻子怀孕，希望他回家。尽管万般不舍，他还是决定离开："北大已经教会我最重要的东西，我相信不管去哪，都能闯出一片天地！"

回乡任教

回到家乡后，张俊成成为长治一所中职学校的任课教师。做班主任时，接手的第一个班是公认的"刺头班"。他做的第一件事，是和学生们同吃同住：学生早上 6 点集合跑操，他提前十分钟就站在操场；和学生一起排队打饭；学生上晚自习，他拿本书坐在一旁；学生课间打球，他陪打，有时还故意输几个球……月底常有学生生活费花完，张俊成就隔三岔五请吃饭。遇上周末食堂不开，张俊成就把学生们接回家，自己做饭给他们吃。

一次，学校举办合唱比赛，看见学生们无精打采地排练，张俊成发了火："我带的班级，要么当第一，要么当最后一名，不能高不成低不就！你们选吧，第一还是最后？”一番话后，大家开始认真排练。最终比赛虽然没拿第一，却取得了入校以来从未有过的好成绩。受到关注和肯定，有了希望和信心，这个曾经的“刺头班”逐渐脱胎换骨，毕业时，逆袭成全年级成绩最好的班级。

张俊成还记得，曾有个爱泡网吧的学生，有一次他逃课，老师和家长几乎找遍全市网吧才找到，失望的家长撂下狠话：“我们教育不了，要是老师也教育不了，就让他自生自灭吧！”送走学生的父母已是深夜，张俊成带着还没吃饭的孩子进了小餐馆，一碗面下肚，孩子泪流满面，自那以后，这个学生再没去过网吧，三年后考上了大学。

张俊成看着这些孩子，就像看到当初的自己。“如果没有北大的经历，我不知道现在会是什么样子。”他说，“最迷茫时，北大的老师们无私地帮我，拉了我一把，我也希望像他们一样，多拉别人一把。”

建校创业

2015 年，年近不惑的张俊成与朋友们共同出资，创办了长治市科技中等职业学校，他担任校长。这所学校最大的特色是实行“准军事化管理”。张俊成说，职校的孩子很多来自不健全家庭，难自律，必须从他律开始：“我希望通过严格管理，让他们养成好习惯、懂规矩、有毅力。”严格化管理的同时，更要关心孩子，他要求老师们尽可能住校，与学生一起排队打饭，为每个学生写成长记录。

来读职校的学生，十有八九出身农村，其中不乏家庭经济困难者。为了让这些孩子读完书，张俊成在校内设置勤工助学岗位，学生可以利用课余时间帮厨挣钱；实在交不上费用的，可以缓交甚至免交。假期时，学校通过校企合作模式，为贫困生安排实习机会，帮助他们自食其力。

“我就是因为穷才失学，所以看到读不了书的学生我更是格外注意，不读书不行，起码我看见就不行。”张俊成说。如今，他创办的学校已为社会和院校输送数千名人才和大学生。

受教于北大，又从事 20 多年教育，张俊成对教育的理解也在变：“过去觉得教育是传授知识，但现在我觉得，教育是引路，是老师以心为火，为学生点亮一盏心灯。”德国哲学家卡尔·西奥多·雅斯贝尔斯说：“教育是一棵树摇动另一棵树，一朵云推动另一朵云，一个灵魂唤醒另一个灵魂。”如今的张俊成就像是那棵“树”、那朵“云”。

资料来源：李娜，赵雅娇．北大保安第一人，27 年后怎么样了？．人民日报微信公众号，2021－04－08．